CW01510209

Milica Vučković

# DER TÖDLICHE AUSGANG VON SPORT-VERLETZUNGEN

Roman

Aus dem Serbischen von
Rebekka Zeinzinger

Paul Zsolnay Verlag

Die Originalausgabe erschien 2021 unter dem Titel
*Smrtni ishod atletskih povreda* im Verlag Booka in Belgrad.

Die Übersetzerin bedankt sich beim Deutschen Übersetzerfonds für
die Unterstützung der Arbeit am vorliegenden Werk.

Die Herausgabe dieses Werks wurde gefördert durch TRADUKI, ein literarisches
Netzwerk, dem das Bundesministerium für europäische und internationale
Angelegenheiten der Republik Österreich, das Auswärtige Amt der Bundes-
republik Deutschland, die Schweizer Kulturstiftung Pro Helvetia, die Interessen-
gemeinschaft Übersetzerinnen Übersetzer (Literaturhaus Wien) im Auftrag des
Bundesministeriums für Kunst, Kultur, öffentlichen Dienst und Sport der
Republik Österreich, das Goethe-Institut, die S. Fischer Stiftung, die Slowenische
Buchagentur, das Ministerium für Kultur und Medien der Republik Kroatien,
das Ministerium für Gesellschaft und Kultur von Liechtenstein, die Kulturstiftung Liechtenstein, das Ministerium für Kultur der Republik Albanien,
das Ministerium für Kultur und Information der Republik Serbien,
das Ministerium für Kultur Rumäniens, das Ministerium für Bildung,
Wissenschaft, Kultur und Sport von Montenegro, die Leipziger Buchmesse,
das Ministerium für Kultur der Republik Nordmazedonien und das Ministerium
für Kultur der Republik Bulgarien angehören.

1. Auflage 2025
ISBN 978-3-552-07544-3
© 2021 Milica Vučković
Alle Rechte der deutschsprachigen Ausgabe
© 2025 Paul Zsolnay Verlag Ges. m. b. H., Wien
Prinz-Eugen-Straße 30 | 1040 Wien | info@zsolnay.at
Satz: Nadine Clemens, München
Autorinnenfoto: © Kunst Weekly
Umschlag: Anzinger und Rasp, München
Motiv: © Michal Macků
Druck und Bindung: GGP Media GmbH, Pößneck
Printed in Germany

MIX
Papier | Fördert
gute Waldnutzung
FSC
www.fsc.org  FSC® C014496

Diesen Roman widme ich vor allem
meiner lieben Draginja, die sehr mutig war
und dann für immer schwieg.
Danach Tea, Jelena, Ljubica, Vladan,
Ivan, Milica, Miloš, Jasna
und allen anderen, die schweigen.

Es ist vielleicht ein wahres, großes und vollkommenes menschliches Unglück, wenn ein Mensch wegen etwas, das andere ihm antun, stumm vor Ekel und starr vor Scham ist, sodass er sein Recht nicht zu verteidigen weiß und nicht nur Opfer ist, sondern auch noch den Anschein des Schuldigen auf sich nehmen muss.

Sie war eine dieser seltenen Frauen, die wortlos nützlich zu sein wussten, keinen Reiz in der Anerkennung fanden, nicht nach jeder Anstrengung die Maske der Gequälten anlegten, und die in allem so wirkten, als genügten sie sich selbst.

———— **IVO ANDRIĆ**

—— **WENN MICH JEMAND FRAGEN WÜRDE,** was mir als Erstes einfällt, wenn ich an Železnik denke, würde ich sagen, die Türkentaube. Dieses Geräusch. Blöd und langweilig. Grau. Genau wie Železnik.

Früher wusste ich gar nicht, dass sich die Türkentaube von der Stadttaube unterscheidet, ich dachte, das wäre das Gleiche. Nur dass die Türkentaube etwas schöner ist, mit ein bisschen Weiß und so einem Halsband, wie es Teenagerinnen mit Identitätskrise tragen. Ich habe übrigens auch so eines getragen. Obwohl, wenn ich mir die Stadttaube genauer ansehe, erscheint sie mir hübscher als die Türkentaube, sie hat schöne Farben. Grau, Schwarz, ihr Hals glänzt grün und violett. Wie ausgelaufenes Motoröl auf dem Asphalt. Ich saß gerne vor unserem Haus in Železnik auf dem Randstein und wartete darauf, dass ein Auto an unserem Obst- und Gemüsestand stehen blieb und dass es, wenn es wieder wegfuhr, so einen violett-grünen Fleck hinterlassen würde, der in der Sonne glänzte. Dann hockte ich mich daneben hin und zog ihn mit einem Stöckchen auseinander, schuf neue Formen und Galaxien. Man sagt, Einzelkinder seien phantasievoller. Ich würde mich ja in Tauben verlieben, wenn sie eine seltene Art wären. Aber es gibt sie überall, also sind sie langweilig. Papa sagt, dass Tauben alles Mögliche lernen können und außerordentlich intelligent sind, aber die Leute sagen, Tauben sind Ratten. Auch eine Ratte ist schön, wenn man sie lange genug ansieht, ich hab es ausprobiert.

Wenn man zum Beispiel meine Mutter fragen würde, was sie über Železnik denkt, würde sie sagen, dass es ein stinklangweiliges Kaff sei und dass sie, wenn sie nicht schwanger geworden wäre und geheiratet hätte, niemals dort leben würde. Sie sagte oft, dass sie es wegen mir nicht mal geschafft habe, die Uni abzuschließen, und deshalb am Obst- und Gemüsestand arbeitete. Papa hatte es geschafft, die Uni abzuschließen, er war aber, obwohl er das staatliche Institut für Leibeserziehung absolviert hat, bis zu meinem zweiten Lebensjahr arbeitslos. Es war klar, dass er auf eine Profikarriere verzichten würde, als Sportler wurde man in unserem Land sowieso nicht berühmt. Er nahm einen Posten als Turnlehrer in der Grundschule von Železnik an und zog aus seiner Wohnung im Zentrum von Belgrad aus. Mit dem Geld von der Wohnung kauften wir ein Haus mit Hof und Garten. Mama war lange sauer auf uns, sie nahm es Papa und mir und Železnik übel. Sie war erst zehn Jahre später nicht mehr sauer, als Vera geboren wurde. Vera hat sie, sagt sie, nur für sich selbst zur Welt gebracht. Das heißt also, ich bin eigentlich nicht wirklich ein Einzelkind. Vera und ich sind einander vollkommen fremd, ich würde sagen, wir sind Einzelkinder von denselben Eltern. Wenn jemand meine Eltern nach ihren Kindern fragen würde, und sie würden sagen: Wir haben zwei Einzelkinder, Eva und Vera – das fände ich richtig gut. Ich nahm niemandem etwas übel, weder meiner Mama, dass sie mich zur Welt gebracht hatte, als sie es gar nicht wollte, noch Vera, die mich kein Einzelkind sein ließ, noch Železnik. Ich war nicht sauer, ich war glücklich. Ich mochte es, wenn mich Papa mit dem Fahrrad zur Arbeit mitnahm, sogar im Winter, wenn im Turnsaal der Holzofen eingeheizt wurde. Während die älteren

Kinder Übungen machten, saß ich auf dem Bock, ließ meine Füße baumeln, die noch nicht bis zum Boden reichten, und lächelte Papa zu. Er war schön und lächelte immer. Er war zufrieden mit sich und seinem kleinen, schönen Leben. »Ein stinklangweiliges Kaff!«, sagte hingegen Mama immer, den Mund auf einer Seite nach unten gezogen, und das eine Nasenloch weitete sich ein bisschen mehr als das andere.

———

Alle Busse in der Stadt hatten zweistellige Nummern, die Straßenbahnen im Zentrum sogar nur einstellige. Drei, sieben, neun, zweiundfünfzig, siebenunddreißig. Nach der Schule war ich die Einzige, die auf Busse mit dreistelliger Nummer wartete, fünfhundertelf, fünfhundertzwölf. Fünfhundert, Jesusmaria, das klingt ja schon so, als fahre der zum Mars. *Jesusmaria* – der Ausdruck ist mir anscheinend von Tomislav geblieben. Jedenfalls stiegen in diese Busse ganz andere Leute ein, schon an der Haltestelle wusste ich, wer von ihnen in meinen Bus und wer in einen Zweistelligen einsteigen würde. In meinen mussten die Übermüdeten und schlecht Angezogenen, die immer unzählige Plastiktüten und karierte Riesentaschen mitschleppten. Ich fuhr über eine Stunde lang, hungrig, zählte statt der Minuten die Pappeln an der Landstraße und stellte mir vor, wie meine Klassenkameraden in ihren warmen Häusern im Stadtzentrum saßen und längst ausgiebig zu Mittag gegessen hatten. Und so fing ich am Ende auch an, Železnik zu hassen, mein schönes Haus und den wundervollen Garten, und versprach mir, von dort abzuhauen, sobald ich dazu in der Lage war. *Ein stinklangweiliges Kaff!*

Nach der höheren Schule hatte ich keine Schwierigkeiten, einen Job zu finden, irgendeinen. Ich arbeitete für den größten Mobilfunkanbieter, die ersten paar Jahre im Kundenservice, dann hatte ich mein eigenes Büro. Ich hatte meinen Tisch, eine Pflanze, die einmal im Monat gegossen werden musste und immer grün war, zwei rote Nagellacke, einen dunkleren und einen helleren, die ich immer dann auftrug, wenn ich keine Excel-Tabellen machte und bevor ich zur Kaffeepause rausging. Das Verfluchte an einfacher Arbeit ist ja, dass sie langweilig ist. Alles Einfache ist langweilig. Auch meine Mitbewohnerin Maja war so, einfach und langweilig, wir hatten es schön die paar Jahre, die wir zusammenwohnten, aber sobald ich Luka kennenlernte, ließ ich sie sitzen und zog mit ihm zusammen. Unsere Beziehung ist weder an unserem jugendlichen Alter gescheitert noch daran, dass wir uns Hals über Kopf hineingestürzt hatten, nein, wir hatten eine ernsthafte Beziehung. Er war gut zu mir, und es lief auch gut, aber diese Ärztefamilien sind einfach seltsam. Mama Ärztin, Papa Arzt, Sohn Arzt, Großvater Arzt. Beim Essen konnte ich nicht anders, als zu bemerken, wie mich seine Mutter schief ansah, weil ich nur die höhere Schule besucht hatte, und wegen des Tattoos am Handgelenk, eine Jugendsünde. Oder weil ich keinen Fisch mochte. Ich mag eben keinen Fisch, na und. Ich sehe auch nicht gern Tennis, kann nicht Ski fahren und mag keine Poloshirts. Luka war ein guter Kerl, aber das, was seine Mutter dachte, war ihm immer wichtiger als ich. So sind diese Ärztefamilien, ihre Kinder mögen Poloshirts und haben nie mit Stöcken, Schlamm und Pfützen gespielt, und so war es eben unmöglich, diese Pfütze zwischen Luka und mir zu überwinden.

Ich brauchte einen besseren Job mit besserem Gehalt, um für mich selbst eine Wohnung zu bezahlen. Ich hatte schon zu viele fremde Wohnungen ausgemalt und hergerichtet, immer mit irgendeinem Kompromiss. Maja mochte keine dunklen Wände, das fand sie morbid, und es würde den Raum einengen, also strichen wir die Wohnung beige. Was für eine doofe Farbe mit noch dooferem Namen. Es machte mich verrückt, wenn Leute etwas nachplapperten, »es engt den Raum ein«, sie plapperte immer etwas nach. Luka mochte keine Blumen und wollte den Perserteppich seiner Mutter nicht weggeben. Zum Teufel mit dem Teppich, jetzt wo ich darüber nachdenke.

Ich fing als Sekretärin in einer IT-Firma an. Das Team war jung und wunderbar, die Firma beschäftigte sich als eine der ersten in der Stadt mit dem Programmieren von Videospielen, und die Arbeit lief wirklich gut. Ich hatte weder vom Programmieren noch von Videospielen eine Ahnung, Videospiele hatten mich nie interessiert, nur auf meinem ersten Handy, einem Nokia, habe ich immer Snake gespielt. Ich wollte die Schlange über den ganzen Bildschirm schlichten, sodass sie wie ein alter gerippter Heizkörper aussah, bis sie sich selber in den Schwanz biss. Beim Bewerbungsgespräch sagten sie zu mir, dass ich perfekt in ihr Kollektiv passe, und dass das, was ich machen möchte, genau das ist, was sie suchen. Sie brauchten jemanden, sagten sie, der kommunikativ, kompetent und dynamisch sei. Das schmeichelte mir. Wie sich herausstellte, bestand das Kollektiv tatsächlich aus wunderbaren Leuten, dynamisch, enthusiastisch, und wir verstanden uns wirklich super. Tolle Bezahlung und ein unbefristeter Vertrag. Es gab viel Arbeit, manchmal blieb ich von acht Uhr morgens bis acht Uhr abends im Büro, zwölf Stunden, immer war noch irgendeine E-Mail abzuschicken oder eine Rechnung abzulegen, aber ich beschwerte mich nie, ich arbeitete eigentlich immer gerne. Ich fühlte mich nützlich. Als ich mein Gehalt bekam, ging ich zum ersten Mal in einen Laden und achtete nicht darauf, wie viel was kostete. Ich kaufte ein paar Flaschen Rotwein, und zwar die, deren Etiketten mir gefielen, ich schaute nur aufs Etikett und nicht auf den Preis. Ich kaufte ein Duschbad mit schönem Design und nicht die Ein-Liter-Flasche, ich kaufte eine Duftkerze im Glas mit Kirsch- und Schokoladenduft. Zugegeben, da dachte ich mir, wenn die Kerze ausgebrannt ist, kann ich das Glas behalten. Ich kaufte Brombeeren.

Während ich auf das zweite Gehalt wartete, suchte ich mir eine Wohnung, ich hatte nicht genug Geld für eine Wohnung im Zentrum, aber ich fand eine gute in einem Neubau nahe der Autobahn. Beim Packen sagte ich Luka Bescheid, dass er zurückkommen könnte, denn er hatte unsere Wohnung, die eigentlich seine Wohnung war, einstweilen mir überlassen, bis ich allein zurechtkam. Luka war wirklich gut zu mir. Ich holte den Perserteppich aus dem Schrank, rollte ihn an seinem Platz aus und ging.

Eine Wand strich ich marineblau. Mein halbes Leben lang hasste ich diese Farbe, bis mir klar wurde, dass ich sie liebte. Marineblau, wie eine tiefere Dimension von Schwarz. Schwarz und noch ein bisschen weiter. Ich strich langsam, mit dem Pinsel, mit der Rolle wollte ich nicht, denn das spritzte nach allen Seiten. Ich ordnete die Striche an wie eine Schlange, die Zug um Zug die weiße Wand ausfüllte, bis sie sie am Ende aufgefressen hatte. Ich machte den Wein auf, zündete die Kerze an und setzte mich hin, um die neue Wand zu betrachten.

Solche kleinen Dinge machten mich froh, das hatte ich von meinem Vater gelernt, er wusste, wie man sich freute. Von meiner Mutter hatte ich wenig gelernt. »Werd nicht so wie ich, werd ein eigener Mensch«, das hatte sie immer zu mir gesagt, nur das. Ich war ein eigener Mensch, und es ging mir gut.

———

Nenad, ein guter Freund von mir, eigentlich fast mein bester Freund, zog nach der Scheidung vorübergehend bei mir ein. Obwohl ich ihn lange kannte – wir hatten viele Jahre gemeinsame Dienstzeit hinter Schanktischen verbracht, wir waren zusammen auf über zwanzig Konzerten, er kam zu meinen Geburtstagsfeiern der letzten fünf Jahre –, hatte ich nicht gewusst, dass er verheiratet war. Er hatte es mir gegenüber nie erwähnt. Ich erfuhr erst davon, als ich einige Drohnachrichten von seiner Ex-Frau bekam, in denen ich meistens als »die kleine Prostituierte«, »wegen der kleinen Prostituierten«, und »sag dieser kleinen Prostituierten« bezeichnet wurde. Ich fand es seltsam, den Ausdruck in allen grammatischen Fällen zu sehen, es kränkte mich, es war mir unangenehm, aber es amüsierte mich auch. Es war wie dieser Zungenbrecher über Blaukraut und Brautkleid, ich nahm es nicht persönlich. Das hab ich im Leben gelernt, dass man nichts persönlich nehmen sollte. Mir tat diese Frau leid, ganz aufrichtig habe ich sie gebeten, mich nicht zu belästigen, und vor allem sich selbst nicht zu blamieren. Nenad machte sich nicht wirklich viel Mühe, das Missverständnis aufzuklären, also teilte ich ihm mit, er solle mich mit all dem verschonen und so schnell wie möglich eine Wohnung finden. Er meinte, das würde er tun.

Nenad war fünfzehn Jahre älter als ich, sehr attraktiv, aber nie mein Typ. Zwischen uns war nichts. Er war für meinen Geschmack zu schön, immer schon dachte ich mir, dass Typen, die zu schön sind, auch zu selbstverliebt sind. Trotzdem blieb er drei Jahre, und unsere Beziehung entstand zufällig, im Vorbeigehen, und wurde zur Routine, wie Geschirr spülen oder das wöchentliche Staubsaugen der Wohnung. Ab und zu sagte einer von uns: Ich hab jemanden, ich brauch die Wohnung für mich. Dann verschwand er irgendwohin, oder ich übernachtete bei einer Freundin. Ich war nie eifersüchtig, denn ich wollte ja im Grunde nie wirklich mit ihm zusammen sein. Wenn wir sonst niemanden hatten, hatten wir zumindest einander. Erst nach drei Jahren fiel mir wieder ein, dass ich ihm sagen musste, dass er gehen soll. Ich hatte mich mit einem Typen amüsiert, der mich wegen Nenad sitzen ließ, weil das so für ihn nicht funktioniere, sagte er. Das war hart für mich, aber ich war auch dankbar, dass er mich verlassen hatte und ich selbst spürte, was es bedeutete, verlassen zu werden. Mir wurde klar, dass es am Ende doch leichter war, die Wohnung allein zu saugen. Vor lauter Gesprächen mit anderen hört man ja manchmal die eigenen Gedanken nicht. Deshalb muss man allein sein, um zu hören, wie es sich anhört, wenn man allein ist. Am liebsten dachte ich beim Staubsaugen nach, der Lärm des Staubsaugers übertönt alle anderen Stimmen in meinem Kopf, dann höre ich nur noch die wichtigsten. Hör zu, Nenad, ab nächster Woche werde ich allein Staub saugen, sagte ich zu ihm, nachdem ich den Staubsauger abgestellt hatte. »No Problemo«, antwortete er, und am nächsten Tag ging er. Wir waren noch einige Zeit in Kontakt, bis er das Land verließ, wegen irgendwelcher Schulden, heißt es. Ich fühlte mich, als wäre mein Hamster gestorben, ein wenig schuldig, aber nur dann, wenn ich mich daran erinnerte, dass ich ihn einmal hatte.

———

Ich war nie so eine Frau, die davon träumte, Mutter zu sein. Es trat bei mir plötzlich auf, wie Zahnschmerzen. Mutter sein, dachte ich, das ist es. Ich hatte einen Job, ein regelmäßiges Gehalt, eine Krankenversicherung, garantierten Mutterschutz, ich hatte auch ein Auto gekauft, einen preiswerten marineblauen Renault Twingo, und mein Badezimmer war voll teurer Kosmetika. Ich dachte, dass ich wieder etwas Neues vertragen könnte, etwas, das mich von mir selbst ablenkte und nichts mit der Arbeit, Partys, oberflächlichen Beziehungen und dem Teufelskreis aus Geldverdienen und Geldausgeben zu tun hatte. Ein Lächeln auf dem Gesicht eines anderen, das man selbst dort angepinnt hatte, das war doch das Wahre, jemanden glücklich zu machen, das war Erfolg. Papa hatte mich immer glücklich gemacht, und deshalb war er zufrieden, im Gegensatz zu ihr. Für sie waren nur Erfolg, Arbeit und Karriere wichtig, weil sie nämlich nie Erfolg hatte. Ständig sagte sie zu mir: »Heirate nicht jung«, und manchmal dachte ich sogar, dass sie eifersüchtig auf mich war.

———

Tomislav lernte ich in Zagreb kennen, beim »Teambuilding«, er arbeitete in einer Firma, die mit meiner zusammenarbeitete. Er war wie ich kein Programmierer, sondern designte Werbesticker für die Fahrzeuge seiner Firma und klebte Folien auf deren gesamten Fuhrpark. Das erzählte er mir beim Abendessen in einem Restaurant im Zagreber Zentrum. Zagreb, was für eine wundervolle Stadt, wie aus dem Märchen. Klein, ordentlich, voll heiterer Farben und schön aufgeschichtetem Stein. Ich hatte immer den Eindruck, dass das Leben in kleineren Städten harmonischer, gemäßigter und nicht so hektisch war. Genauso war auch Tomislav. Er schrie nicht laut herum, wenn er beim Tischtennis jemanden besiegte, er lächelte nur, und bei den Abendessen war er nicht der Wortführer. Er saß am Rand, groß gewachsen und still, weswegen ich auch beschloss, auf ihn zuzugehen. Als ich ein paar Kollegen über ihn ausfragte, sagten mir alle, dass er der Beste auf der Welt sei, ein solider Kerl. Solide klang für mich immer, als ginge es um einen Herd, solide oder nicht, aber am Ende eben doch nur ein Herd.

Auch als ich wieder in Belgrad war, blieb ich weiter mit Tomislav in Kontakt. Wir tauschten die ein oder andere Nachricht aus, um genau zu sein, auf zehn von mir antwortete er mit zwei. Nicht weil Tomislav kein Interesse hatte, er war eben einfach so. Gemäßigt. Bald darauf kam er mich besuchen, er fand irgendeinen Grund, um in unsere Firma zu kommen, und lud mich danach auf einen Kaffee ein, obwohl er keinen Kaffee trank. Er trank auch keinen Alkohol, also verbrachten wir den Kaffee so, dass ich ein Bier trank und er einen Kamillentee, denn er hatte, so sagte er, einen Magenvirus. Als er zum zweiten Mal kam, kam er nur wegen mir und erfand keine Ausreden mehr. Wir gingen Kuchen essen und ins Kino, genau wie Verabredungen früher mal ausgesehen haben. Ich war glücklich wie eine Teenagerin, denn niemals, mit keinem einzigen Freund, war ich jemals Kuchen essen und ins Kino gegangen, so etwas machte man schon ewig nicht mehr, oder zumindest hatte es in meinem Leben keine Beziehungen gegeben, die nicht auf Kennenlernen, ein Getränk, vielleicht ein zweites, dann Sex hinausliefen. Ich aß Popcorn und lachte mit vollem Mund über seine Bemerkungen während des Films, dabei schaute ich mehr ihn an als den Film. Er aß kein Popcorn, er sagte, davon bekomme er Blähungen. Er war so bescheiden und unauffällig, und das gefiel mir. Als er mich zum ersten Mal zu sich einlud, war die Sache klar. Obwohl ich acht Stunden im schaukelnden Zug saß, was fast doppelt so lang war, wie es mit dem Bus gedauert hätte, war der Zug die richtige Wahl. In meiner Ankunft mit dem Zug lag neben der Romantik auch die Symbolik unserer Liebe, die geradlinig und fest war, wie die Schienen. Er wartete auf dem Zagreber Hauptbahnhof auf mich und küsste mich zum ersten Mal. Da wusste ich, dass wir ein Kind haben würden.

Die Wohnung in Belgrad kündigte ich erst, als ich zum ersten Mal schwanger war. Tomislavs Mutter überließ uns ihre Einzimmerwohnung im Zentrum von Zagreb und zog irgendwohin aufs Land. Vater hatte er keinen. Ich dachte mir, wir sollten den Boden austauschen, solange ich mich noch ungehindert bewegen konnte. In der Wohnung war irgendein billiger Laminatboden aus Plastik verlegt, der wie ein Magnet Staub anzog. Wie soll das Baby denn über dieses Plastik krabbeln, sagte ich zu ihm, und er stimmte mir zu. Wir verlegten einen dunklen Parkettboden aus Holz, wie der Boden eines Schiffs, und liefen in unsere wundervolle Ehe ein. Ich nahm alle alten Kunststoffvorhänge herunter, schliff die Fensterläden ab und lackierte sie neu. Die Wand in der Küche strich ich aprikosenfarben und kaufte drei riesige Pflanzen. Morgens, wenn Tomislav noch schlief und die Sonne erst aufging, stand ich am Küchenfenster und betrachtete diese Aprikosenwand, über die schräghin ein grauer, länglicher Pilz wuchs – mein Schatten. Ich sah ihn an und übte mit leiser Stimme, mich mit meinem neuen Nachnamen vorzustellen.

---

Ich weinte tagelang, fast einen ganzen Monat lang. Die Ärzte sagen, junge Frauen mit polyzystischem Ovarialsyndrom haben im ersten Trimester häufig Fehlgeburten. Dabei hatte ich gedacht, der Begriff Trimester würde erst in mein Leben treten, wenn unser Kind mit der Schule beginnt. Es war kurz vor Silvester, und Tomislav hatte beschlossen, dass wir nirgendwohin gehen würden, er sagte, ich müsse mich erst mal erholen. Also verabschiedeten wir das alte Jahr, indem wir ihm durchs Fenster zuwinkten und Filme schauten, unsere Beine lagen auf dem Tisch, und unsere Fersen verbeulten die leeren Pizzaschachteln. Wir hatten es schön, obwohl ich es hasste, wenn jemand die Beine auf den Tisch legte. Das Feiern holen wir nach, sagte er und küsste meine Haare.

Es wurde Frühling, und mir wurde klar, dass ich nicht in dieser kleinen beengten Dreißig-Quadratmeter-Wohnung leben konnte. Ich schlief im selben Raum, arbeitete im selben Raum, aß im selben Raum. Fürchterlich. Der einzige separate Raum war das Badezimmer, in dem Tomislav die meiste Zeit verbrachte, weil er oft Probleme mit der Verdauung hatte. Wir brauchten eine separate Toilette. Ich sagte ihm, ich würde wieder arbeiten gehen und an den Wochenenden wiederkommen, er sagte »gut«. Ich sagte ihm, wenn ich wieder schwanger würde, müssten wir eine andere Wohnung suchen. Er sagte »gut«. Er sagte immer nur »gut«. Anfangs störte mich das nicht.

Mario kam im Dezember desselben Jahres zur Welt. Im ersten Monat wusste ich nicht einmal, dass ich schwanger war. Dann war es mir klar, weil ich mich vom zweiten bis zum sechsten Monat durchgehend übergeben musste. Angeblich haben nur maximal zwei Prozent der Schwangeren dieses Problem. In den meisten Fällen dauert die Übelkeit nur bis zum dritten Monat, aber ich war immer schon ein spezieller Fall. Ich übergab mich so häufig, dass ich mehrere Tage pro Woche im Krankenhaus Infusionen bekam und vielleicht einen oder zwei Tage am Stück zu Hause verbrachte. Es war leichter für mich im Krankenhaus, weil ich dann nicht allein war, und weil ich mich übergeben konnte, wann immer ich wollte. Zu Hause war ich entweder allein, weil Tomislav arbeitete, oder wir prügelten uns darum, wer zuerst aufs Klo ging. Die Schwangerschaft hatte ich mir eigentlich so vorgestellt, dass ich meinem zukünftigen Mann alle meine Essensgelüste aufzähle und er mitten in der Nacht losgeht, um mir Wachteleier und Papayasaft zu besorgen, und die paar Extrakilos wären mir vollkommen egal, doch meine Schwangerschaft war nicht einmal annähernd so. Monatelang aß und trank ich nichts, ich nahm stark ab, und mir war ständig schwindelig. Im Krankenhaus versuchte ich zu lesen, aber zu Hause glotzten wir abends endlos Krimi- und Horrorserien, von denen ich mich noch mehr übergeben musste. Serien konnte ich noch nie leiden.

Mario kam eine Woche nach meinem Geburtstag zur Welt. Ich hatte von Frauen gehört, die absichtlich einen Kaiserschnitt an einem Wunschdatum vereinbarten, und ein paar Freundinnen rieten mir sogar dazu, das so zu machen. »Bring dir selbst ein Geschenk zur Welt«, sagten sie und redeten mir ein, dass es das größte Geschenk sei, sich selbst ein Kind zum Geburtstag zu gebären. Ich wollte nicht Gott spielen und ließ Mario auf die Welt kommen, wann ihm danach war, denn ich wusste, dass er sowieso mein größtes Geschenk im Leben sein würde.

Ich hatte Albträume und wachte mit Fischgräten im Hals auf. Ich hatte nur Angst und Schmerzen und fragte die Schwestern ununterbrochen: Wo ist mein Baby, wo ist mein Baby. Als sie ihn mir am vierten Tag nach der Geburt zum ersten Mal zum Stillen brachten, war ich überhaupt nicht erleichtert. Ich hatte nur noch größere Angst und unerträgliche Schmerzen in der Brust, zusätzlich zu den Bauch- und Halsschmerzen. Man sagte mir, die Halsschmerzen seien von der Intubation und die Bauchschmerzen vom Kaiserschnitt. Ich hatte keinen Kaiserschnitt gewollt, genauso wenig wie ich gewollt hatte, dass die Geburt in Belgrad stattfindet, aber wegen der Krankenversicherung ging es nicht anders. Meine Mutter meinte, es wäre auch besser so. Sie hatte Mario ein paar Mal besucht, während ich auf der Intensivstation lag. Ich erinnerte mich an alles, und ich verspürte eine ungeheure Wut. Ich erinnerte mich an das Geräusch, als mir zu Hause in Železnik die Fruchtblase platzte, patsch, wie wenn man einen aufblasbaren Ball gegen die Wand kickte. So ein billiges Ding war ich – ein fetter Ballon, der am Ende geplatzt ist und die eigenen Beine hinunterrann. Um elf Uhr abends kamen wir mit dem Taxi ins Krankenhaus, und ich war bereits weit genug geöffnet. Die Hebamme kam einmal pro Stunde herein und rief: Los, pressen, los! – Da tut sich noch nix. Dann deckte sie mich zu und ging wieder. In der Zwischenzeit lag ich da und zitterte vor Kälte. Na los, Mutter, pressen, los! – Da tut sich nix, auf die Seite legen. Und wieder ging sie, und wieder lag ich da und zitterte, und so ging es die ganze Nacht. Eine richtige Horrorserie, wie die, die Tomislav und ich zusammen anschauten. Zum letzten Mal kam sie gegen sechs Uhr morgens und schrie mich an, na los jetzt, pressen, nicht im Kopf pressen, sondern im Bauch! Ich fühlte mich wie bei einem Boxkampf, nur dass mein Sparringspartner nicht Cassius Clay, sondern ein Betonblock war. »Nicht im Kopf pressen«, wiederholte sie unaufhörlich und laut, und ich fühlte mich, als wäre in mir ein Lkw auf dem Weg durch eine enge Schlucht, so eng, dass er fast unweigerlich umkippen und in den Abgrund stürzen musste. Dann rief sie einen Krankenpfleger herbei und sagte zu ihm: Die hier ist geöffnet, aber sie will nicht pressen, und das Letzte, an das ich mich erinnere, sind seine kräftigen Unterarme, die fest meinen Bauch drücken und am Ende die Luft aus mir herauspressen. Durch einen Nebel hindurch erinnere ich mich, wie er den Flur entlangläuft, während ich auf dem fahrenden Bett liege und meine Haare flattern, und immer noch ist es furchtbar kalt. Ich erinnere mich, dass sie zu mir gesagt haben: Sie müssen einen Namen sagen, falls wir Sie verlieren, Sie müssen einen Namen sagen, sagen Sie einen Namen, einen männlichen, einen weiblichen, sagen Sie den Namen. Ich konnte mich nicht einmal an meinen eigenen Namen erinnern, ich konnte mich nicht daran erinnern, auf welchen Namen ich mich mit Tomislav geeinigt hatte, ich konnte mich an gar nichts erinnern, ich sah einfach nur den Neonlichtern an der Decke zu, wie sie schnell vorbeizogen, wie ein Zug, der durch einen Tunnel mit

Unterbrechungen fuhr, Licht, Dunkelheit, Licht ... Dunkelheit. »Sie müssen einen Namen sagen!«, schreckten mich die Rufe der Schwester auf, die an meiner rechten Seite lief. Mario ... und Marija ... stieß ich hervor. An etwas anderes erinnere ich mich nicht mehr, den Rest las ich im Entlassungsbrief nach. Dass ich um dreiundzwanzig Uhr aufgenommen wurde und um sechs Uhr fünfzehn entbunden habe. Dass der Kaiserschnitt insgesamt vierzehn Minuten gedauert hat. Dass ich das Bewusstsein verloren habe und mit einer Adrenalininjektion wieder geweckt wurde. Dass ich zwei Tage lang intubiert und deshalb in einen künstlichen Tiefschlaf versetzt wurde. Dass sich Mario so verkeilt hatte, dass sein Gesicht aus mir herausschaute und der Nacken irgendwie eingeklemmt war, die Hebamme hatte das nicht gesehen, und niemand hatte sich die Mühe gemacht, einen Ultraschall durchzuführen. Sie dachten, es wäre alles in Ordnung. Von der zu großen Anstrengung, dem Druck auf den Bauch und fünf erfolglosen Geburtsversuchen hatte Mario ins Fruchtwasser gekackt und lief Gefahr, an einer Sepsis zu sterben, und ich mit ihm. In den meisten Fällen nimmt so eine Geburt einen tödlichen Ausgang. Mario saugte an meinen Brüsten, und ich weinte. Tomislav schickte mir ein paar Fotos von der Feier, darauf er in einem zerrissenen T-Shirt mit Bierbauch. Sein Gesichtsausdruck war betrunken und gleichgültig, die Freude wirkte aufgesetzt, wie bei einem Fußballspiel, zu dem man nicht wegen der Mannschaft ging, sondern um sich zu betrinken und vielleicht zu prügeln. Ich starrte seinen mit Bier gefüllten Bauch an und stellte mir vor, wie es wäre, diesen Wanst aufzuschlitzen wie Butter, in voller Tiefe, bis hin zur Gebärmutter. Vor dem Fenster gurrten die Türkentauben, meine Mutter erklärte mir das Stillen und fragte mich, was das denn für ein Name sei, Mario. *Eva, mein Kind, was ist das denn für ein Name?* Mein Vater war glücklich, und Vera war nicht zu Hause. Tomislav konnte nicht nach Belgrad kommen – »du weißt, dass ich nicht gern Auto fahre«, sagte er am Telefon zu mir. Meine Mutter breitete Windeln und Lätzchen in meinem Zimmer aus und gab ein leises »pah« von sich, als wäre ihr eine Babysocke auf den Boden gefallen. Ich schaute nach, nichts war ihr auf den Boden gefallen. Ich verstand, warum Tomislav nicht kommen wollte. Wir sahen uns erst in der dritten Woche wieder, als ich mit Mario zurück nach Zagreb kam.

———

Wir mieteten eine große neue Wohnung, sie war etwas weiter vom Zentrum entfernt und nicht teuer. Es gab zwei Zimmer, und Badezimmer und Toilette waren getrennt, endlich. Die Wände waren weiß, und es war sehr hell, das gefiel mir, doch ich bat Tomislav trotzdem darum, dass wir vor dem Umzug den Boden austauschen und das Bad renovieren. Mein Karenzgeld gab ich sowieso für sonst nichts aus, also konnte ich mir wenigstens den Raum zum Leben schön einrichten. Tomislav sah das anders, also ging ich einige Wochen lang allein zu dieser Wohnung, mit Mario in der Babytrage, um die Handwerker zu beaufsichtigen. Da die Wohnung nicht uns gehörte, wollte ich nicht zu viel Geld verschwenden. Diesmal suchte ich keinen Holzboden aus, sondern Laminat, dafür einen teuren und hochwertigen. Mit hohem Echtholzanteil. Die alte verrostete Badewanne wurde rausgeworfen und die weißen Krankenhausfliesen runtergeschlagen. Ich suchte blaue Marmorfliesen aus, damit sie auch Mario gefallen würden, wenn er größer wäre.

In diesem ersten Jahr war ich eine echte Mutter. Mario und ich trennten uns nie, überall gingen wir zusammen hin. Mario war in der Trage an meinen Bauch geschmiegt, das war ihm am vertrautesten. Entweder patschte er mit den Händen auf meinem Gesicht herum, oder er schlief, den Kopf tief in meine Brüste vergraben. Er roch nach Kängurujunges und nach gezuckerter Milchhaut. Ich habe keine Ahnung, wie ein Kängurujunges riecht, aber sicher so ähnlich wie er, dachte ich mir. Er sah mich ununterbrochen an, genau in die Augen, als ob er etwas von mir hören wollte. Jeden Tag spazierte ich stundenlang durch die Parks und erzählte ihm von Gott und der Welt. Ich sagte: Mario, schau mal, dieser Baum hier, der ist älter als du und ich zusammen. Verrückt, oder? Schau mal, das Moos, da ist Norden. Ich habe keine Ahnung, was Moos eigentlich ist, wahrscheinlich eine Art Parasit, und Norden, Norden ist weit weg. Manchmal runzelte er die Stirn, und manchmal lachte er, er verstand alles. Eigentlich lachte er oft, er war ein glückliches Baby. Nachmittags, wenn Tomislav von der Arbeit kam, lagen wir neben Mario und schauten ihm zu. Diese kleinen Finger waren echt, sie schlangen sich um unsere Finger wie die Krallen eines Kanarienvogels. »Jesusmaria, wie 'n Papagei«, rief Tomislav. Auf dem kleinen und weichen Kopf im Bereich der Schläfen wuchsen Mario ein paar dünne Haarsträhnen, die aussahen wie Spinnweben. Ich hatte den unwiderstehlichen Wunsch, sie ihm auszuzupfen, ihn zurechtzumachen, damit er ein ordentliches Baby war, rund und haarlos. Als ich das laut aussprach, lachte Tomislav und küsste mich auf die Stirn. »Ich hab die verrückteste Frau auf der

Welt«, sagte er, »lass ihn doch, er sieht mir ja nur den Haaren nach ähnlich.« Wir lachten. Tomislav war ein guter Kerl.

Ich hatte mich bemüht, mich nicht im Internet mit dem Muttersein zu befassen, aber am Ende gab ich nach. In Zagreb hatte ich nicht viele Freunde, und von den Freundinnen aus Belgrad, mit denen ich regelmäßig in Kontakt war, hatten die meisten keine Kinder. Ich war eine der Ersten, die ein Kind bekam. Ich las verschiedene Artikel, unter anderem erfuhr ich, dass auch Männer das Recht haben, Elternzeit zu beantragen, um mehr Zeit mit ihren Kindern zu verbringen und weniger von ihnen entfremdet zu sein. Das klang fair für mich, denn Mario hing wirklich sehr an mir und hatte keinerlei Beziehung zu Tomislav. Immer wenn ihn Tomislav hochnahm, weinte er, und aus seiner Hand wollte er keine zwei Löffel Brei essen. Lass ihn, ich mach das schon, sagte ich dann. Wenn wir ihn badeten, stand Tomislav meistens hinter meinem Rücken und fragte, ob er mir mit irgendwas helfen könne. Nein, ich mach das schon, sagte ich. Wenn ich ihn wickelte, war Mario innerhalb von zwei Minuten sauber und duftete. Wenn er ihn wickelte, war Mario bis oben hin mit seltsam grünem Stuhl angeschissen, als hätte ihn ein Geier bekackt. Beim letzten Mal konnte er den Brechreiz kaum zurückhalten, er sagte zu mir: »Jesusmaria, ich kann das nicht, du weißt doch, dass ich einen schwachen Magen habe«, und rannte ins Bad. Mario und ich sahen uns schweigend an, und aus dem Bad drang lange das Geräusch von fließendem Wasser mit Tomislavs Würgen im Hintergrund.

Die Fragen, die er mir stellte, drehten sich nicht mehr nur um das Baby. Es ging von »Wie warm soll der Brei sein«, obwohl der Brei über Monate immer gleich warm war, bis hin zu

»Was für Windeln soll ich kaufen«, weil er die Monate nicht mitzählte und nicht wusste, welche Windelgröße wir brauchten. Baby, Brei, saubere Windel, schmutzige Windel, was brauchst du aus dem Laden, und da hörte sein Interesse schon wieder auf. Immer wies ich ihn darauf hin, dass nicht *ich* etwas aus dem Laden brauchte, *wir* brauchten etwas. Es half nichts. Was brauchst du aus dem Laden? In diesen paar Buchstaben spiegelte sich unsere gesamte Beziehung. Wenn ich ihm etwas erklärte, verstand er das als Kritik, und dann fühlte er sich wie ein noch schlechterer Vater, sagte er. Und so wurden meine Antworten knapper. Windelgröße soundso, Tomislav. Mittelwarmer Brei, Tomislav. Diese und jene Creme, Tomislav. Muss ich heute schon wieder diese Kichererbsen essen, die du gekocht hast? Gestern hatte ich den ganzen Tag Bauchschmerzen. Ich weiß nicht, Tomislav. Ich hab irgend so eine Pustel am Rücken, was soll ich da draufschmieren? Ich hab keine Ahnung, Tomislav. Je öfter ich diesen Namen wiederholte, desto wahnsinniger machte er mich.

Wir fuhren zum Indoor-Spielplatz, um Marios zweiten Geburtstag zu feiern. Den ganzen Vormittag lief ich herum, um alles zu erledigen, wie ein Tischtennisball sprang ich zwischen den Wänden hin und her. Tomislav stand in der Mitte der Wohnung wie ein Baumstumpf und sagte: Womit soll ich dir helfen. Und er machte nichts, packte nirgendwo mit an. Ich prallte in allen Richtungen von dem Baumstumpf ab, er stand mir im Grunde immer nur im Weg. Von meiner Mutter habe ich gelernt, wenn du jemanden bei der Arbeit siehst, geh einfach hin und hilf, frag nicht, was du tun sollst. Er stand immer noch einfach da, und ich sprang hin und her – mit gar nichts, Tomislav – nicht nötig, Tomislav. Ich brauchte nichts.

Ich machte Kipferl, ein paar Salate und eine Torte, die unter einer gläsernen Zierglocke auf dem Autorücksitz saß. Auf der anderen Seite saß Mario, er schaute aus dem Fenster und wand sich in seinem Sitz hin und her. Er konnte nicht eine Minute stillsitzen, so sehr war er auf mich fixiert. Zwischen der Torte und Mario saß Tomislav, ohne jeglichen Gesichtsausdruck. Ich fuhr und sah ein paar Mal sein Gesicht im Rückspiegel an. Er hatte nie Auto fahren lernen wollen, es interessierte ihn einfach nicht, hatte er zu mir gesagt. Mir war klar, dass ich gehen musste.

———

Wieder in das eigene Kinderzimmer zu ziehen ist eine emotional unerträgliche Sache. Es ist, wie wenn man in der Schule durchfällt und die Klasse wiederholen muss. Oder zehn Klassen. Nachts hörte ich meine Mutter beim Pinkeln, ihre Blase war schwach geworden, und morgens hörte ich meinen Vater, wie er im Bad lange Schleim hochhustete. Ununterbrochen hörte ich die Türkentauben. Vera war ausgezogen, als sie mit der Uni anfing, und kam nur am Wochenende zum Mittagessen. Ich konnte nicht schon wieder eine Wohnung suchen und brauchte Hilfe mit dem Kind, jemand musste es betreuen, während ich bei der Arbeit war. Wenn ich an den Wochenenden nach Zagreb kam, damit Tomislav den Kleinen sah, schlief Tomislav auf dem ausziehbaren Sessel und ich mit Mario im Bett. Mario verstand nichts, er war klein, dachte ich. Tomislav ging mit ihm spazieren oder besuchte seine Mutter auf dem Land, während ich in der kleinen Wohnung blieb, in die Tomislav in der Zwischenzeit wieder eingezogen war. Ich beobachtete, wie sich über meiner aprikosenfarbenen Wand ein grüner Schimmelfleck ausbreitete. Ich wollte absichtlich nicht ausmalen, obwohl es mich wahnsinnig machte, dass der Fleck von Monat zu Monat wie ein Tumor anwuchs. Tomislav bemerkte den Fleck nicht einmal, einen Tumor sieht nur der, der ihn hat. Nach einem halben Jahr sagte ich zu Tomislav, ich würde von nun an nur noch jedes zweite Wochenende kommen. Er sagte »gut«.

Ich begann wieder auszugehen, wenn ich an den Wochenenden frei hatte. Die ersten Male fühlte ich mich, als würde ich etwas Schlimmes tun. Ich erinnere mich genau an den Geschmack des ersten Schlucks Bier nach mehr als zwei Jahren. Er schmeckte nach etwas Verdorbenem, Schalem, ich nahm diesen Geschmack persönlich. Später gewöhnte ich mich daran. Meistens ging ich mit Kollegen aus, weil die anderen Freunde auf der Suche nach sich selbst verschollen waren. Ich hingegen hatte mich verirrt, mich wiedergefunden und war zurückgekehrt – immer schon war ich einen Schritt voraus gewesen. Manchmal blieben wir im Büro, um etwas zu trinken und uns zu unterhalten, manchmal gingen wir zum Abendessen in ein Lokal, das Ausgehen in Bars und Kneipen hatten wir jedenfalls hinter uns gelassen. An diesem Wochenende hatte ein Kollege Geburtstag, und wir blieben am Freitag nach der Arbeit noch zum Feiern. Ich hatte einiges getrunken und konnte nicht fahren, darum übernachtete ich im Büro, nachdem alle weg waren. Sehr früh stand ich wieder auf und machte mich auf den Heimweg. Mario lief sorglos durch den Garten, die Sonne schien grell und durchdringend, so, wie mein Kopf schmerzte. Vom Gartentisch stiegen zwei Strahlen weichen Dunstes auf, es war gerade erst Kaffee gekocht worden. Während ich leise über das Gras schlich, um Mario zu überraschen, verspürte ich Wärme und Frieden in meinem Bauch, doch dann rief meine Mutter, die nicht mich sah, sondern nur, dass Mario sich den heißen Tassen näherte, von der Türschwelle aus: »Marko, nicht!« Mario blieb auf der Stelle stehen. Meine Wirbelsäule schmerzte von der Magensäure, ich ging von hinten auf sie zu und zischte – *er heißt nicht Marko, Mama.* Sie wandte sich um, maß mich mit dem Blick von Kopf bis Fuß und sagte nur: »Du stinkst nach Alkohol.« Mario lief auf mich zu und umarmte meine Knie. Das war in diesem Moment der weichste Teil von mir, alles andere war versteinert. Dieses erste Mal, als ich ihn allein ließ, war für mich das schlimmste.

―――

Wenn Mario nicht gewachsen wäre und neue Wörter gelernt hätte, wäre mir gar nicht aufgefallen, dass die Zeit vergeht. Ein Tag war wie der andere und nicht besonders spannend. Vielleicht sieht das Leben eben doch so aus, dachte ich, obwohl es mir schwerfiel, mich damit abzufinden. Mein Vater ging in Pension und baute an einem Ende des Gartens einen Taubenschlag. Trotz der vielen Federn und des Vogelkots rund um den Käfig saß ich gerne dort, denn Mario liebte die Tauben. Mein Vater trug ihn auf dem Arm, wanderte von Käfig zu Käfig und erzählte ihm von den Taubenrassen und ihrem Federkleid. Ich hatte gar nicht gewusst, dass die Taube in Babylon ein heiliger Vogel war. »Es gibt ganz unterschiedliche Tauben«, erzählte er, »Ziertauben, Flugtauben, Hochflieger, englische Flugtippler, Brieftauben und Rollertauben. Los, sag mal Taube, Tau-be.« Mario hörte ihm still zu, mit seinen riesigen Wimpern gab er das einzige Lebenszeichen. »Na los, sag's,

Marilein«, forderte er ihn auf, doch Mario fing nur an zu lachen und vergrub seinen Kopf zwischen dem Hals und den breiten Schultern seines Opas. Womit hat meine Mutter bloß meinen Vater verdient, fragte ich mich.

Meine Firma nahm nicht an der IT-Messe teil, sondern wir organisierten an den Tagen während der Messe selbst Festivitäten in der Firma. Verschiedene Klienten kamen zu uns, es gab Musik und Bewirtung, es wurden Geschäfte vereinbart und Pläne gemacht, und meine Aufgabe war es, darauf zu achten, dass alles reibungslos ablief. Im Laufe der drei Tage besuchten über hundert Leute unsere Firma. Am letzten Tag kündigte der Direktor noch ein gemeinsames Essen mit ein paar Vertretern anderer Firmen an, die ich mir nicht alle gemerkt habe. Nach langer Zeit zog ich mir wieder einmal ein Kleid an, küsste Mario auf die Stirn, bat meinen Vater, auf ihn aufzupassen, und sagte »bis morgen«.

Das Abendessen fand in einem traditionsreichen Restaurant statt, in dem es Tische mit karierten Tischtüchern gab. Ich liebte karierte Tischtücher. Ich setzte mich als eine der Ersten hin und bestaunte das Tischtuch, es war auf den weißen Feldern mit weißem Faden genäht und auf den roten Feldern mit rotem Faden, sodass einem erst bei näherer Betrachtung auffiel, dass es zusammengenäht war. Wegen solcher Dinge liebte ich das Leben. An diesem Abend trank ich nicht viel, ich war müde, aber das durfte ich mir nicht anmerken lassen, also lächelte ich und prostete allen zu. Von den inhaltsleeren Gesprächen schlief mir fast das Gesicht ein, solcherart Gespräche lagen mir überhaupt nicht, wenn ich nicht trank. Als eine Kollegin aus meiner Firma auf die Toilette ging und sich dort unerwartet lange aufhielt, setzte sich Viktor neben mich. Mit diesem Namen stellte er sich bei mir vor. Er pflanzte sich auf diesen Stuhl wie ein eingeschlagener Pflock, Viktor, V, mit der Spitze nach unten rammte er sich da ein und bewegte sich nicht mehr. Sein T-Shirt war in die Hose gesteckt, worüber ich lachen musste, aber zumindest konnte ich sehen, welchen Umfang sein Bauch hatte. Ich mochte keine in die Hose gesteckten T-Shirts, aber Viktor war attraktiv, er hatte keinen Bierbauch wie Tomislav. Es überraschte mich selbst, dass ich wieder angefangen hatte, Männern Aufmerksamkeit zu schenken. Er redete ununterbrochen und hielt seine Hand merkwürdig, wenn er an seiner Zigarette zog, alle Finger waren ausgestreckt, nur der Ringfinger im rechten Winkel gekrümmt. Was er erzählte, war interessant, zweifellos, aber mein Gehirn arbeitete zu langsam, um ihm zu folgen, also betrachtete ich nur seine Schultern und Unterarme, und mir fiel auf, dass ich gerne Männerarme ansah. Männerarme konnten so viel Stärke, Schönheit und Sicherheit ausstrahlen. Die Kollegin kam zurück von der Toilette und lächelte Viktor seltsam zu, er stand auf und überließ ihr den Platz wieder. An diesem Abend fuhr ich doch noch zurück nach Hause. Mario schlief friedlich und zart wie ein Schneenockerl im Bettchen, ein Lächeln im Gesicht. Ich dachte, er würde es mir bestimmt nicht übelnehmen, wenn ich jemand Neuen finden würde. Meine Mutter stand zum Pinkeln auf und unterbrach mit ihrem schweren Plätschern meinen Frieden.

Die Kollegin, die bei der Feier neben mir gesessen hatte, erzählte mir am Montag, einer ihrer Bekannten würde sich für mich interessieren. Erstaunlicherweise dachte sie nicht an Viktor, sondern an einen anderen Typen. Das freute mich noch mehr, denn mir war nicht bewusst, dass sich immer noch

Männer nach mir erkundigten. Ich hatte die Tatsache geleugnet, dass ich einen Mann brauchte. Einen Mann, der fahren konnte. Der nicht auf dem Rücksitz saß. Der keinen dicken Bauch, sondern kräftige Arme hatte. Als ich das nächste Mal nach Zagreb fuhr, sagte ich zu Tomislav, ich würde nicht mehr kommen, solle er uns doch besuchen kommen, wenn er wollte. Er sagte »gut«.

———

Tomislav kam kein einziges Mal. Ein paar Mal ging ich mit verschiedenen Typen etwas trinken, zunächst mit dem, den mir die Kollegin empfohlen hatte. Es freute mich, einen Anlass zu haben, mich hübsch zu machen, doch das Date war unfassbar langweilig. Männer nähern sich Frauen in fortgeschrittenem Alter langsam an, wie eine Boa. Mit über dreißig und einem zweijährigen Kind, das einem mit seinem Kopf die Hüften verbreitert hat – da ist man schon eine Frau in fortgeschrittenem Alter. Trotz Work-outs und kalorienbewusster Ernährung sind die Oberschenkelinnenseiten weich wie Eischnee. Da und dort ein spitzes, dunkles Haar am Kinn, das aus heiterem Himmel über Nacht sprießt. Sich angewöhnen, dass man neben den Augenbrauen auch die Härchen am Kinn auszupft – das bedeutet definitiv, eine Frau in fortgeschrittenem Alter zu sein. Ich saß desinteressiert bei diesem Date und rauchte, denn ich hatte wieder zu rauchen begonnen. Ich versuchte, das Wippen meines Beins mit dem Wippen der Zigarette zwischen den Fingern zu synchronisieren. Es gelang mir nicht, die Zigarette wippte schneller. Mit dem Zeigefinger drehte ich an der linken Schläfe eine Haarsträhne ein, schnell, wie um zu zeigen, dass ich durchgedreht sei, dann hörte ich damit auch gleich wieder auf. Ich überlegte mir, ob es vielleicht an der Zeit wäre, mir die Haare kurz zu schneiden. Oder rot zu färben. Der Typ redete jedenfalls hauptsächlich über seine Arbeit. Erfolgreich, erfolglos, so kann man heutzutage die Männer einteilen. Ein erfolgreiches Produkt. Eine erfolglose Ehe. Ein erfolgreicher ... Salto. Während er nicht herschaute, tippte ich in die Suchleiste am Handy »erfolgreich« ein, weil mir nichts mehr einfiel, was alles erfolgreich sein konnte. »Erfolgreicher Kaufmann«, »erfolgreicher Start«. »Erfolgreiche Eltern – erfolgreiches Kind«. »Erfolgreicher Embryotransfer«. Ich hob den Blick, und er machte genau in diesem Moment Witze darüber, dass er früher mal Haare hatte. Er sah definitiv aus wie ein erfolgloser Embryotransfer. Vor seinen Witzchen war mir gar nicht aufgefallen, dass er eine Glatze hatte. Der Mensch schießt sich doch immer wieder gern ein Eigentor. Danach tippte ich in die Suchleiste »erfolgloser Salto« ein, und als Resultat wurde mir ein Artikel ausgespuckt, in dem stand: *Tragisch – bekannter junger Bodybuilding-Champion kommt bei Salto mortale ums Leben.* Ich lachte. Salto mortale, dachte ich, das klingt echt gut.

Bei allen Dates schaute ich mir die Arme der Männer an. Ich mochte weder dicke noch haarige Finger. Ich mochte weder abgebissene noch zu saubere Nägel. Ich mochte keine Sakkos. Ihre Jobs interessierten mich nicht, aber über etwas anderes redeten sie nicht. Ich wurde zu einer dieser Frauen, über die man sagte »ich hab da eine Freundin, die ist nett, fleißig, geschieden«, eine, die man aus Mitleid verkuppelte, und dieses Mitleid sah ich in jeder Rose, die man mir mitbrachte. »Mich stört es nicht, dass du ein Kind hast«, sagten sie gleich zu Beginn des Treffens. Was sollte das denn heißen? Als ob ich sagen würde, mich stört es nicht, dass du eine Wampe hast, obwohl du nicht mal ein Kind zur Welt gebracht hast. Oder, mich stört es nicht, dass du eine Glatze hast. Dabei stört es mich. Ein Kind ist doch keine Geschlechtskrankheit oder eine körperliche Missbildung, die einen stört oder nicht stört, unglaublich, dachte ich. Ein paar Mal brachte ich die Rosen mit nach Hause und schenkte sie meiner Mutter, aber sie glaubte mir nicht, dass die Rosen für sie gedacht waren. Später warf ich sie in den Müll. Eine Rose allerdings landete im Müll, noch bevor ich sie überhaupt bekommen hatte. Ich sollte mit einem Kerl etwas trinken gehen, und wir kamen genau gleichzeitig vor dem verabredeten Restaurant an. Rein zufällig hatten wir nebeneinander geparkt. Er ging auf mich zu, in der Hand hielt er eine schlaffe Rose wie einen kaputten Regenschirm. Dann streckte er mir die Hand hin, und anstatt sich vorzustellen fragte er: »Warum hast du einen Kindersitz im Auto?« Weil ich ein Kind habe, antwortete ich. Er warf die Rose in den Mülleimer, drehte sich um, stieg ins Auto und fuhr davon. Ich stand auf dem Parkplatz und lachte. Nachdem ich mich schon aufgebrezelt hatte, ging ich ins Restaurant und aß allein. Dabei amüsierte ich mich besser als bei den meisten Dates. Wie sich herausstellte, hatte der Mann die Kollegin, die uns verkuppelt hatte, nicht richtig verstanden. Später habe ich gehört, dass Frauen mit Kindern aus erster Ehe »Gebrauchtware« genannt wurden. Das fand ich nicht so witzig. Viktor hatte über die Firma meine Nummer herausgefunden und lud mich ein paar Mal zum Kaffeetrinken ein, aber da hatte ich schon nicht mehr die Nerven, mich mit irgendjemandem zu treffen.

An diesem Wochenende fuhr ich dann doch nach Zagreb,

es war Tomislavs Geburtstag, und ich dachte mir, wir könnten ihn überraschen. Sagen wir's mal so, wenn ich sehe, dass doch noch eine Zigarette in der Packung ist, obwohl ich geglaubt hatte, dass keine mehr drin ist, dann bin ich überraschter, als er es in dem Moment war. Mario und ich hatten ihm eine Torte gebacken, und die beiden bliesen zusammen die Kerzen aus. Er erzählte mir, er hätte eigentlich geplant gehabt, an diesem Tag seine Eltern zu besuchen, aber – schon okay. Ich wusste nicht, was da schon okay war, aber gut. Am Abend legten sich die beiden ins Bett, ich auf den ausziehbaren Sessel. Mitten in der Nacht leuchtete mein Handy auf wie ein Blitz und erhellte das ganze Zimmer. Zum Glück hatte ich daran gedacht, es auf lautlos zu stellen, so weckte mich nur das Licht. In der Nachricht, die von einer unbekannten Nummer aus geschickt worden war, stand: »Jeder Wunsch ist sexueller Natur.« Ich dachte mir, darauf antworte ich nicht, das muss irgendein Spinner geschickt haben, aber schließlich war ich doch zu neugierig. Ich antwortete: Wie bitte? »Ich sagte, jeder Wunsch ist sexueller Natur«, stand da, und »Komm zu mir, meine Freundin ist nicht zu Hause«. Ich schrieb: Wer ist da? – »Viktor«. Ich tippte: Schäm dich, Mistkerl!, und schaltete das Handy aus. Mein Herz pochte, als wäre es gestört.

Am Morgen teilte ich Tomislav mit, das mit uns habe keinen Sinn mehr, und es sei an der Zeit, endgültig getrennte Wege zu gehen. Er sah eine Zeit lang beim Fenster hinaus, und am Ende sagte er einfach nur »gut«. Nie wieder fuhr ich nach Zagreb. Die Scheidung wickelten wir einvernehmlich über einen Anwalt ab. Mario blieb sein Nachname, und mir blieben zahllose in Fliesen- und Laminatböden fremder Wohnungen gefangene Monatsgehälter. Tomislav behauptete, das habe mit ihm absolut nichts zu tun. Ich sagte »gut«, legte auf und pfefferte das Handy in die Ecke.

———

Mario fing an, aufs Töpfchen zu gehen, aber die Windel brauchten wir noch. Mario kackte auf dem Töpfchen, aber manchmal kackte er auch in die Hose. Mario ging von selbst aufs Töpfchen und kackte nicht mehr in die Hose. So verging meine Zeit. Die Arbeit interessierte mich kaum mehr, mein Highlight des Tages war, wenn ich gemeinsam mit den Kollegen überlegte, was wir zu essen bestellen wollten. Heute Bohnensuppe. Gestern gab's Pizza. Heute also ein Eintopfgericht. Dann saßen wir da und aßen zusammen, wie eine Familie, und mir ging es gut. Die echten Familienessen sonntags waren anders. Vera kam für ein paar Stunden, in denen wir am Tisch saßen und den Erzählungen über ihr Studium lauschten. Mama weitete jedes Mal die Augen, wenn Vera Wörter wie Kolloquium, Prüfung oder Seminararbeit aussprach. Mama gähnte mit den Augen, und die Wörter standen ihr in den Pupillen geschrieben. Vera studierte übrigens Molekularbiologie. Es wäre schon genug gewesen, hätte sie bloß Biologie studiert, aber nein, sie musste Molekularbiologie studieren. Von dem Wort allein sah ich, wie Mama das Gehirn explodierte. Papa schwieg hauptsächlich und fütterte Mario, der am liebsten von seinem Opa gefüttert wurde. Ich hatte nichts dagegen. Also schwieg ich und konzentrierte mich auf die Türkentauben und das Geräusch des Löffels auf dem Porzellan, um diesen Gesprächen nicht zuhören zu müssen. Das war der Klang des Terrors von Familienessen: Türkentauben, Löffel und Porzellan. Meine

Mutter gehörte zu jenen Frauen, die von allem immer zu wenig kochten, darum machten wir auch so viele Löffelgeräusche, weil unsere Teller immer leer waren. Selbst wenn wir Gäste hatten, kochte sie zu wenig, und dann hielt sie uns vor, dass wir nicht so viel essen dürften, nur sobald sie selbst irgendwo zu Besuch war, aß sie für zwei. Ich kochte sehr gerne, nur hatte ich niemanden zu bekochen. Ich schwor mir, wenn ich meine eigene Familie hätte, würde ich jeden Tag kochen, und zwar zu viel, sodass immer etwas übrig blieb.

Obwohl ich es mir nicht eingestand, dachte ich oft an ihn, wobei eigentlich nicht konkret an ihn, sondern an diese Nachricht. Wie eine Taube, die in einen verglasten Balkon geraten war, so steckte jener Satz in meinem Kopf fest. Jeder Wunsch ist sexueller Natur, dachte ich, und es lief mir kalt die Schultern hinunter. Wenn das passierte, machte ich die Musik lauter, damit sich irgendeine Liedzeile anstatt des Satzes in meinem Kopf festsetzte, aber im Büro war es nicht erlaubt, laut Musik zu hören. Irgendeine dumme Zeile, dachte ich, es musste irgendeine dumme Zeile sein. Eine außerordentlich dumme Zeile, die sich wiederholte, dumm musste sie sein. Dumm dumm dumm. My Humps, my humps, my humps, erinnerte ich mich und lachte. My lovely lady lumps. Das war's, sofort ging es mir besser, das schoss den Vogel und diese blöde Taube ab. »Eva, der Lieferschein«, rief der Direktor, »ich hab's dir heute Morgen doch gesagt!« Ich hatte keine Ahnung, wann er etwas zu mir gesagt hatte und was für einen Lieferschein er überhaupt meinte. Es ging mir tatsächlich ziemlich schlecht.

Der schönste Teil des Tages war, wenn ich nach Hause kam, Mario meine Knie umarmte und ich dann im Garten saß und

ihm und meinem Vater zuschaute, wie sie um den Taubenschlag herumspazierten. Ich machte die Zigarette auf der Erde
aus und drückte die Kippe fest mit dem Daumen nieder, sodass ich die Wärme der Glut spürte. Wenn ich ins Haus ging,
um mich um das Abendessen zu kümmern, sagte Mutter nur:
»Pah, dieser Zigarettengestank.« Für jedes »pah« von ihr hätte
ich eine Türkentaube umbringen können.

———

Mario wuchs, war fröhlich und sonnengebräunt, während das
einzig Dunkle an mir meine Augenringe waren. Ich hatte keinen Grund, mich zu beschweren, ich hatte wieder eine tolle
Kondition aufgebaut, meine Armmuskeln waren gut trainiert,
denn man kann sich ja gar nicht vorstellen, was man für ein
Kind so alles an den Strand mitschleppen muss. Schwimmreifen, Sandspielzeug, Badetücher, eine Jause, Obst, Saft, Wasser,
Jesusmaria. In einer Hand eine zehn Kilo schwere Tasche, in
der anderen sein schwitziges, weiches Händchen. Für ihn war
mir trotz allem nichts zu schwer, obwohl ich in meinem Magen oft einen Stein spürte, besonders, wenn ich allein dreizehn
Stunden von Griechenland nach Belgrad fuhr. Mario nahm
Sand in Flaschen mit nach Hause, ich einen Stein im Magen.
Meine Augen füllten sich mit Tränen, aber vor Müdigkeit, redete ich mir ein. Nur noch vierhundert Kilometer. Nur noch
dreihundert Kilometer. Von klein auf war ich daran gewöhnt,
viel auszuhalten. Manchmal, wenn ich Durst hatte, konnte ich
noch stundenlang ohne Wasser auskommen, bis ich fertig war
mit dem, was zu tun war. Noch zweihundert Kilometer. Je
mehr wir uns unserem Haus näherten, desto mehr kamen mir

die Tränen. Ich gab mir Mühe, mich im Rückspiegel nicht selbst zu betrachten, sondern Mario, der friedlich in seinem Sitz schlief. Der Sitz neben ihm war leer. In dieser Zeit wich ich vor allem meinem eigenen Blick aus, er gefiel mir nicht. Schon gut, tröstete ich mich, zumindest zahlt er Alimente. Dass er nie anruft, ist schon okay. Mario ist noch klein, er versteht es sowieso nicht.

---

Der schlimmste Arbeitstag ist der erste nach dem Sommerurlaub. Der Sommer in der Stadt ist träge, stinkt nach Aas und Auspuffgasen. Ich freute mich auf den Herbst, darauf, dass sich die Sonne endlich mit den Schwalben irgendwo andershin verzog, wo glückliche Leute lebten, und uns in Ruhe ließ, in unserem Grau, das einem keine falschen Hoffnungen machte. In der Stadt ist es am besten, wenn es grau ist. Die Nachricht kam gegen Ende meiner Arbeitszeit, und sie lautete einfach nur: »Entschuldige.« Heiße Luft verschlug mir die Ohren, und meinen Kopf durchschnitt ein hoher Ton wie ein Laserstrahl. »Ich hoffe, ich darf dich immer noch auf einen Kaffee einladen?« Ich ging früher von der Arbeit nach Hause, ich sagte, Mario gehe es nicht gut.

Beide tranken wir Bier. Er erzählte mir, er sei in einer schwierigen Beziehung gewesen und es sei ihm sehr schlecht gegangen, er sei außer sich gewesen, habe total neben sich gestanden. Er hätte gerade noch seine Haut da rausgerettet. Ich hatte Verständnis dafür, wir hatten doch alle irgendeine miese Beziehung hinter uns. Lächelnd gab ich ihm sofort zu verstehen: Mit mir wirst du auch kein Glück haben, ich bin wie eine Fischersfrau, nichts ist mir gut genug. Er kannte das Märchen nicht, also erzählte ich es ihm. Er hörte mir aufmerksam zu, während er eine Zigarette rauchte. Der Ringfinger war genau im Neunzig-Grad-Winkel gekrümmt. Wie an einem Abzug.

———

Die Fliege verfing sich im Gitter des Gebläses, das umsonst blies, die Klimaanlage war nämlich kaputt. Er öffnete das Fenster, und es kam gewehrsalvenartig Luft herein, das Geräusch wie das eines Helikopters. Dennoch war es heiß, unsere T-Shirts klebten an unseren Körpern, aus dem Augenwinkel sah ich seine Bauchmuskeln, und immer wenn ich hinschaute, wurde mir für einen Moment kühl im Nacken. Er war unerträglich attraktiv. Ich fuhr, weil ich den Weg besser kannte, aber auch er hatte sich angeboten zu fahren. Bei der Rückfahrt darfst dann du, sagte ich zu ihm, keine Sorge. Die Sonne erhitzte den Asphalt bis zu dem Punkt, wo sich darin der Himmel spiegelte, sodass es aussah, als sei er nass. Die totale Reflexion. Es fiel mir schwer, mich auf das Fahren zu konzentrieren, die Fliege störte mich, auch die Musik störte mich, aber ich versuchte mir einzureden, dass mich die Fliege mehr irritierte. Er hatte zu mir gesagt, dass jeder, der für soziale Gerechtigkeit kämpft, auch Volksmusik hören müsse. Ich hatte keine Volksmusik auf CD, also hörten wir den lokalen Radiosender. Ich wusste nicht viel über soziale Gerechtigkeit, außer, dass sie nicht existierte. Während ich die Spiegelung auf dem Asphalt betrachtete, erinnerte ich mich an mich selbst als Teenagerin – auf jeder Geburtstagsfeier, bei jeder Schulveranstaltung oder Exkursion, immer war ich diejenige, die am Rand stand, von der man dachte, sie sei taubstumm.

Ich war nicht taubstumm und kam weder aus einem Haus, in dem man Opern hörte, noch wussten meine Eltern, was Woodstock war – sie hörten einfach überhaupt keine Musik. Aber selbst damals tat ich mir schwer damit, Volksmusik zu hören, ich konnte dazu keinen Zugang finden. Das war ganz einfach nicht meins. Ich dachte mir, wenn es um soziale Gerechtigkeit geht, na gut, dann werd' ich es aushalten. Die totale Reflexion, wiederholte ich in Gedanken.

Ich hatte mir eine Woche Urlaub genommen, und er war, wie sich herausstellte, arbeitslos. Er war nur zufällig auf der Firmenfeier gewesen, bei der wir uns kennengelernt hatten, weil er einen erfolgreichen Werbeslogan geschrieben hatte, er arbeitete als Texter auf Honorarbasis und war als Ehrengast eingeladen. Abgesehen davon, erklärte er, beschäftige er sich mit der Gesellschaft, er lese und schreibe Artikel für Zeitungen, befasse sich mit wichtigen gesellschaftlichen Fragen und nicht mit kommerziellem Scheiß. Das klingt wirklich ernsthaft, sagte ich – ich wusste nicht, was ich sonst sagen sollte. »Ja, na klar«, erwiderte er, »soziale Gerechtigkeit, Gleichstellung der Geschlechter, das sind ernsthafte Dinge, wir müssen alle für ein besseres Morgen kämpfen.« Ich hielt das Lenkrad mit beiden Händen fest und wiederholte in mir die Wörter, soziale Gerechtigkeit, Gleichstellung der Geschlechter, besseres Morgen, das wiederholte ich und kniff die Augen zusammen, um die Straße besser zu sehen. Diese Wörter waren so komplex. Vielleicht hatte ich sie noch nie zuvor innerlich ausgesprochen. Er war wirklich klug.

Schon nach dem ersten Getränk, nachdem wir zu ihm gegangen waren, hatte ich gewusst, dass er derjenige war, den ich ins Haus an der Donau mitnehmen würde. Das Haus meiner Großmutter war mein Altar, mein heiliger Ort, an den ich ausschließlich heimlich und allein kam, und ich hatte mir geschworen, dorthin nur einen ganz besonderen Menschen in meinem Leben mitzunehmen. Das war Viktor. Schon sein Name zeigte deutlich, dass er besonders war. Es tat mir leid, dass meine Großmutter nicht mehr sehen konnte, wie ich mit jemandem dort ankam, wie ich bei jemandem untergehakt den Weg entlangschritt, während sie uns vom Balkon aus anvisieren würde – tagelang hätte sie schon gewartet, seitdem ich meine Ankunft angekündigt hätte. Es tat mir leid, dass wir nicht in dem von ihr selbst mit Blumen bemalten Topf drei Kaffee kochen würden, und dass sie ihm keine Kindheitsgeschichten von mir erzählen würde. Am schönsten war ich in Großmutters Geschichten. Wenn ich mir selbst schmeicheln möchte, denke ich daran, dass ich ihr ähnlichsehe, obwohl ich weiß, dass ich nicht halb so eine Persönlichkeit bin, wie sie es war. Seitdem dieser Balkon leer ist, hat sich in mir etwas dauerhaft verkrampft. Eine gerissene Sehne wächst nicht wieder zusammen, und darunter baumelt für immer ein Bein, das nicht mehr gehen kann. Das war sie für mich, eine fehlende Sehne. Übrigens, ich spreche hier von der Mutter meiner Mutter, die Mutter meines Vaters hat meinen Vater im Stich gelassen, als er klein war.

Wir bogen von der Landstraße auf einen Schotterweg ab, der den Fluss entlangführte. Vor diesem Weg hatte ich immer Angst, obwohl ich eine sichere Fahrerin war, aber durch meinen Kopf schossen unaufhörlich Szenen eines Absturzes von der Felswand. Dieses Mal, mit ihm an meiner Seite, verspürte ich keinerlei Angst. Ich dachte mir, selbst wenn wir zu fallen drohten, würde er mit einer Hand das ganze Auto über dem

Abgrund zum Stillstand bringen, so stark war er. Ich fuhr ohne zu bremsen und demonstrierte meine übertriebene Stunt-man-Selbstsicherheit. Beim Fenster kamen Naturgerüche herein, die es nirgendwo sonst auf der Welt als an meiner Donau gab. Ich atmete sie kräftig in den Bauch ein, meine Ohren erröteten, sie fühlten sich an, als würden sie brennen.

»Was ist das denn für ein Scheißweg«, sagte er, und das Lächeln fiel in der Sekunde von meinem Gesicht ab, es wurde heruntergeschüttelt, als das Auto über ein großes Schlagloch fuhr. Ich weiß, sagte ich, ist eine etwas schlechtere Straße. Ich dachte mir, wenn wir an unserem Haus am Ufer ankommen würden, würde er sehen, dass sich die Fahrt ausgezahlt hatte. Der Weg war tatsächlich sehr schlecht, er hatte recht. In meinen Schultern spürte ich die Nervosität.

Weil es im Dorf keinen Laden gab, hatten wir Lebensmittel für sieben Tage eingekauft. Ich hatte mir vorab überlegt, was ich an welchem Tag machen würde, Moussaka, Gibanica, Lasagne, meine Spezialität. Für die ganze Woche, Tag um Tag, hatte ich mir Gerichte ausgedacht, die ich am liebsten kochte, die ich für ihn kochen würde, und in die ich all meine Liebe für ihn reinschütten würde, statt dem Pfeffer. Mein Herz pochte unter der Zunge, als ich durch die Baumkronen hindurch Großmutters Hausdach erblickte. Ich konnte kaum meine Tränen zurückhalten bei dem Gedanken, wie schwer und wie schön das Leben doch war.

Wir luden die Sachen aus dem Auto aus, und er trug alle Taschen, denn eine Frau sollte nichts tragen, meinte er. Ich ging hinter ihm her und betrachtete seine Schultern, die angeschwollenen Venen an den Unterarmen und die Henkel der Plastiktaschen, die in seine Finger schnitten. Ich wünschte mir, sie würden ihn so einschneiden, dass er blutete, und ich könnte dieses süße, klebrige Blut ablecken, es würde in mich eindringen, ich würde es mir übers Gesicht schmieren, und wir würden eins werden. Zum ersten Mal im Leben musste ich die Einkaufstaschen nicht schleppen, eine Frau sollte nichts tragen, hallte es in meinem Kopf wider, und ich wusste, dass er der Mann meines Lebens war. Die Donau toste, ich hörte sie, unter der glatten Oberfläche grollte sie leise und kräftig dahin, wie eine tödliche Krankheit. Ich sagte meiner lieben Donau, sie solle warten, unser Augenblick sei ganz nah. Ich verstaute die Sachen, öffnete die Fenster, um das Haus durchzulüften, holte Gaskocher und Kaffeetopf hervor, stellte die Gartenstühle am Wasser auf. Dann pflückte ich ein paar Wiesenblumen und stellte sie in einer Vase auf den Tisch, so war der Ablauf immer, als Großmutter noch da war, und die Blumen auf ihrem Tisch waren immer frisch. »Die sind voller Viecher«, sagte er und schüttelte die Blumen und das Wasser aus der Vase. Die violetten, weißen und gelben Blütenblätter der Wildblumen klebten auf der feuchten Erde. Ich hockte mich neben sie hin und schaute sie an, ich sah kein einziges Insekt. »Da ist eins auf dieser großen Weißen«, zeigte er mit dem Finger darauf. Ich hob die Blume aus dem Schlamm, immer noch war da kein Insekt. Von unten war auf der Rückseite jedes Blütenblatts ein kleiner schwarzer Punkt zu sehen. Ich atmete auf, lachte und sagte: Erschrick doch nicht, das sind keine Insekten, als ich klein war, habe ich auch immer geglaubt, dass das Insekten sind, aber es sind keine, das sind nur ... »Ich bin nicht erschrocken, mich interessieren diese Blumen hier nicht, schaff sie weg. Ich bin allergisch.« Blume für Blume löste ich aus dem Schlamm heraus und warf sie ins

Gras zurück, die Vase zwischen uns stand leer. »Entschuldige, ich bin unausgeschlafen«, sagte er, »aber ich bin auch wirklich allergisch.« Schon gut, erwiderte ich, wollen wir nicht ins Wasser? Die Donau hörte mich, sie brauste auf, war bereit, uns zu vermählen, wir mussten uns nur beim Hineingehen an den Händen halten. »Ehrlich gesagt«, sagte er, »dachte ich, ich schlafe mich erst mal aus. Du weißt doch, dass ich nicht geschlafen habe.« Er schlief tatsächlich schlecht, ich wusste doch, dass er schlecht schlief, die ganze Nacht arbeitete und schrieb er, morgens warteten seine Nachrichten auf mich, abgeschickt um eins, um drei, um sechs Uhr morgens, dann ging er endlich schlafen, und er wachte auf, wenn ich ihn nach der Arbeit abholte und wir essen gingen. Natürlich, sagte ich, leg dich hin und schlaf dich aus, ich werde ein bisschen lesen. »Willst du nicht mit mir zusammen ein Schläfchen machen?« Ich mochte es nicht, wenn er mit mir wie mit einem Baby sprach, aber gleichzeitig klang es auch niedlich. Die Donau blieb glatt, und konzentrische Kreise entstanden nicht um uns, sondern um eine Ringelnatter herum, deren Kopf für einen Moment aus dem Wasser ragte.

Er schlief schnell ein, und ich lag regungslos neben ihm, unter dem schweren Arm, den er um mich geschlungen hatte. Geschlungen, Schlinge, nie vorher hatte ich über die Verwandtschaft dieser beiden Wörter nachgedacht. Dann hörte ich ein Schlottern in meinem Magen, ich hatte Hunger, ich hätte aufstehen und mit dem Kochen beginnen können, ich hätte das Haus ein wenig sauber machen können, ich hätte das Unkraut jäten können. Alles Mögliche hätte ich tun können, nur um nicht hier zu liegen, es war mir zuwider, untertags im Bett zu liegen, niemals tat ich das, ach, wie sehr es mir zuwider war, im Bett zu liegen, außer wenn ich schlief. Liegen war für mich wie eine Krankheit. Ich versuchte mich davonzustehlen, zu entwischen, aber sobald ich mich bewegte, sagte er: »Liebes, wo willst du hin?« Ich blieb liegen, und das Schlottern im Bauch verwandelte sich in einen kleinen Schmerz. Also gut, dachte ich, es muss nicht alles immer nach mir gehen, es freut mich ja, dass er so friedlich neben mir schläft.

Als wir aufstanden, hatte der Hunger schon mein Bewusstsein getrübt. Ich bin am Verhungern, sagte ich, ich gehe gleich und koche uns was. »Ich hab auch Hunger, lass uns essen gehen, gibt es hier irgendwo in der Nähe ein Restaurant?« All die schönen Essen, die ich geplant hatte, blieben ungekocht in meinem Kopf, fast schon wollte ich sagen, warum sollten wir Geld verprassen, wir haben doch genug zu essen hier, aber ich wollte nicht, dass er sich angegriffen fühlte, dass er dachte, ich schaute aufs Geld, ich sei knauserig. Fahren wir, sagte ich, es gibt ein Gasthaus etwa zehn Kilometer von hier.

Der Kellner kannte mich, er war ein Freund meiner Großmutter, Moma. In dieses Gasthaus lud sie mich als kleines Mädchen ein, auf ein Vanilleeis oder eine Cremeschnitte. Ich mochte Gasthäuser, in denen alte Kellner arbeiteten, da fühlte ich mich wie zu Hause. »Evka!«, rief Moma und umarmte mich. Das ist Viktor, sagte ich wie aus der Pistole geschossen, denn ich spürte irgendwie, dass mich Moma zu lange umarmte und Viktor ausblendete, ich spürte Viktors Warten in meinem Rücken und entwand mich schnell, um ihn vorzustellen. Viktor stand höflich auf und schüttelte ihm die Hand, er hatte ja Manieren. Ich nehme eine Limonade, sagte ich. »Und ich ein großes Bier.« Ich sah ihn besorgt an, und Moma trat einen Schritt zurück. Wir hatten doch gesagt, Liebster, sagte ich zu ihm, dass wir im Urlaub keinen Alkohol trinken, aber ... »Na gut«, sagte er, »dann für mich nichts.« Moma, sagte ich, vergiss es, bring uns zwei Bier, bitte. Moma kam nicht einmal dazu, den Mund aufzumachen, da meinte Viktor schon: »Nein, bringen Sie ihr bitte ein Bier, und für mich nichts.« In Momas Blick spürte ich etwas, ich erinnere mich, etwas wie einen Flusskrebs, der einen heimlich in den Fuß kniff, und wenn man dann ins Wasser schaute, war er weg. Ich wusste nicht genau, was es war. Ich wollte kein Bier trinken, aber ich wollte auch Moma nicht quälen. Zehn Minuten später, als das Bier kam, sagte Viktor: »Für mich doch noch eins.« – »Ach, wie mir diese alten Kellner zuwider sind, die brauchen zwei Tage, um ein Getränk zu servieren. Da bleibe ich besser beim Bier, wer weiß, wann er das Essen bringt.« Ich hoffte, Moma hatte ihn nicht gehört, doch in jeder folgenden Bewegung von ihm sah ich, dass er ihn gehört hatte. Moma stellte das Glas hin, als hätte er ihn gehört. Dann öffnete er das Bier und stellte die Flasche hin. Die Flasche knallte auf den Tisch. Da war ich mir sicher, dass er ihn gehört hatte.

Das Essen kam nach dem dritten Bier, in meinem Kopf drehte sich alles vor Alkohol, Sonne und Müdigkeit. Viktor unterhielt sich mit den Dorfbewohnern am Nachbartisch, sie redeten darüber, wie das Leben am Land war, wovon sie lebten, wie sie es schafften, ihre Kinder in die Schule zu schicken, sich zu ernähren. Sie antworteten ihm aus tiefstem Herzen, was für ein prächtiger junger Mann, sagte ein Dicker mit roten Ohren und einer Kappe, die halb auf dem Kopf saß – von solchen wie dir sollte es mehr geben, mein Junge. »Von so anständigen und fleißigen Leuten wie Ihnen sollte es mehr geben!«, sagte Viktor. Und dann prosteten einander alle einstimmig zu: »Prost, genau so is es, prost, oh, der Schnaps is gar nich schlecht!« Ich aß die Hälfte meines Gerichts auf, Viktor hatte seinen Teller nicht einmal angerührt. »Packen Sie's uns ein«, sagte er und schlenkerte mit der Zigarette wie mit einem Dirigierstab Richtung Moma. Ich gab Moma ein etwas höheres Trinkgeld, wie immer. »Danke, Evka«, flüsterte er mir ins Ohr, als wir uns umarmten. Für einen Moment kamen mir in Momas Umarmung die Tränen, ich weiß nicht, warum. Wahrscheinlich wegen Großmutter, dachte ich. Am Nachmittag war die Donau kalt, zu kalt zum Baden.

Die übrigen Tage waren idyllisch. Zum Frühstück zeichnete ich ihm ein Herz aus Ketchup auf den Teller, halbe Tage lang kochte ich. Jedes Gericht gelang mir hervorragend, trotz meiner Angst, mir könnte etwas anbrennen. Die Angst, etwas zu vermasseln, verfolgte mich, ich durfte es jetzt nicht zulassen, dass mir etwas entglitt. Untertags arbeitete er die meiste Zeit, am Abend schauten wir Filme oder führten lange Gespräche. Er erzählte mir von den Androgynen. »Einst«, sagte er, »waren alle Wesen Götter, sie waren allmächtig. Sie trugen beide Geschlechter in sich, waren vollständig und stellten das vollkommene Geschöpf, die vollkommene Liebe dar. Der Göttervater«, erzählte er weiter, »war eifersüchtig auf sie und beschloss, sie in zwei Hälften zu schlagen, sodass sie unvollständig herumirrten und niemals ihre andere Hälfte wiederfanden. Hast du irgendwann mal Platon gelesen?«, fragte er. Ich verneinte. »Eva, es sieht so aus, als hätten wir Gott richtig verarscht.« Ich nahm mir vor, etwas mehr über Gott und Platon zu lernen. Ich schlief ein, klebrig vom Leben und glücklich.

———

Als ich in den Garten trat, wurde mir klar, dass ich in den vergangenen sieben Tagen kein einziges Mal an Mario gedacht hatte, und dieser Gedanke schlug mir mit der Faust in den Bauch. Einen Moment lang hätte ich kotzen können, hätte ich ihm auf den Kopf kotzen können, während er wie sonst auch meine Beine umarmte. Ich hob ihn hoch und küsste ihn am ganzen Körper, mit jedem Kuss sagte ich entschuldige, entschuldige, entschuldige, unzählige Male entschuldige. Er blinzelte und lachte, duftete nach hausgemachten Kipferln mit Marmelade, ich hätte ihn mit meiner Umarmung auffressen können. Meine Mutter spähte von der Türschwelle aus herüber. Eine gemeine Ringelnatter. Ich musste mir für uns beide ein neues und schöneres Leben einfallen lassen, dachte ich.

Nach der Arbeit holte ich Viktor ab, und wir gingen etwas essen. Er verkündete: »Heute werde ich dich mit jemand Wichtigem bekannt machen.« Ich errötete. »Nicht mit meinen Eltern«, sagte er, »ich habe keine Eltern.« Ich schämte mich, dass ich genau daran gedacht hatte. Nie zuvor hatte er mir gegenüber erwähnt, dass er keine Eltern hatte. Ein kräftiger, gutaussehender junger Mann betrat das Lokal und reichte mir die Hand. »Das ist mein Bruder«, sagte Viktor, »er ist alles, was ich habe, abgesehen von dir.« Andrej, stellte sich der Bruder vor und setzte sich uns gegenüber. Der Bruder kam mir bekannt vor. »Was?«, fragte Viktor und unterbrach meinen Blick, es klang vorwurfsvoll. Nichts, sagte ich, Andrej kommt mir bekannt vor, ich muss ihn mit jemandem verwechseln. »Tust du nicht«, sagte Andrej fröhlich, »ich erinnere mich auch vom Sehen an dich, ihr habt doch diesen Obst- und Gemüsestand, manchmal komme ich daran vorbei. Wir wohnen ein paar Straßen von eurem Haus entfernt. Ich meine, ich wohne da,

Viktor passt gerade auf die Wohnung von Freunden auf, die nach Deutschland ausgewandert sind.« Viktor nahm einen etwas tieferen Zug von der Zigarette, ihre ganze Spitze glühte in überraschendem Licht auf. Das Warnlicht auf nächtlichen Straßenbaustellen. Das Aufleuchten blendete mich kurz, aber als ich mich gesammelt hatte, griff ich unter dem Tisch nach seiner Hand. Ich hatte nicht gewusst, dass die Wohnung, in der wir uns aufhielten, nicht ihm gehörte. Ich hatte Verständnis, es war nicht leicht, in fremden Wohnungen leben zu müssen. Wenn das jemand verstand, dann ja wohl ich, vor mir musste er sich nicht schämen.

Ich wusste nicht, dass ihr aus Železnik seid, sagte ich, wobei ich auch nicht viele Leute aus der Gegend kenne, ich bin ja vor langer Zeit weggezogen. »Tja«, sagte Andrej, »aber jetzt schießt mal los, wie hat es euch Täubchen denn in Slowenien gefallen, erzählt mal, ich war noch nie in so einem Wellness-hotel, ich dachte, so was ist nur was für Pensionisten.« »Wundervoll!«, rief Viktor sofort und drückte mir unter dem Tisch die Hand so fest zusammen, dass sich mein Zeigefinger und mein kleiner Finger mit ungewöhnlich großer Fläche berührten. Ich schwieg den ganzen Abend lang und konnte kaum meine Tränen zurückhalten. Meine Donau, er schämte sich für meine Donau und das Haus meiner Großmutter, er schämte sich für den Schotterweg und den Kaffeetopf, den meine Großmutter mit Blumen bemalt hatte. Ich konnte nichts essen, rauchte reichlich Zigaretten und trank einige Gläser Wein. Ich starrte den Warnaufkleber auf der Zigarettenpackung an, darauf stand: »Raucher haben ein höheres Risiko, das Sehvermögen zu verlieren.« Ich fühlte mich wie eine Blinde.

»Mein Bruder hat kaum Geld«, sagte er zu mir, als Andrej

auf die Toilette ging. »Ich möchte ihm zumindest mit einer Geschichte das Leben verschönern. Was hat er davon, wenn ich ihm von irgendeinem Haus im Dorf erzähle, das interessiert ihn doch nicht. Er ist nie außer Landes gereist, hat nie etwas anderes als den eigenen Vorgarten gesehen, und so kann er wenigstens träumen, innere Reisen sind wichtiger als reale. Ich hoffe, ich habe dich nicht zu sehr gekränkt?« Wie hatte ich nur so dumm sein können? Entschuldige, sagte ich, ich hatte ja gar keine Ahnung, worum es hier geht. Armer Andrej, dachte ich, während ich ihn beobachtete, als er wieder gegenüber von uns Platz nahm. Am liebsten hätte ich ihn umarmt.

Mein Appetit kehrte zurück, den Rest des Abends aßen wir, prosteten uns zu, machten Scherze. Mein Herz war ganz erfüllt, und ich war glücklich, dass wir alle wenigstens einen vollen Magen hatten, so viel konnte ich helfen, ihm das Essen spendieren. Ich traute mich nicht, sie nach ihren Eltern zu fragen. Es musste unerträglich sein, ohne Eltern zu leben, wie schwierig diese auch sein mochten. Als wir das Restaurant verließen, sagte er zu mir: »Du bist wirklich ein sauberer Kerl, immer gibst du gutes Trinkgeld. Das ist Solidarität, das ist Gerechtigkeit! Bestimmt wird dir das das Leben mal zurückgeben.« Irgendwie dachte ich mir auch selbst, dass mir das Leben definitiv etwas zurückgeben sollte, mich belohnen sollte, und dass sich das Leben jetzt endlich mal daran erinnert hat.

———

In Marios Kopf war eine Menge neuer Wörter eingezogen, mit denen er jetzt die Welt zeichnen konnte. Wer ist das, fragte ich – das bist du, Mama. Die Zeichnung ähnelte eher einer Kuh mit Röckchen und Perücke, und die Figur hatte nur einen Arm, der aussah wie ein Besen, sodass ich dachte, es sei der Schwanz der Kuh. Und wer ist das daneben, fragte ich – das sind Oma und Opa. Und das? Das ist, sagte er, eine Taube. Mario fehlte augenscheinlich ein Wort, an dessen Stelle nun eine Taube gelandet war.

Es war an der Zeit, dass auch ich meine Karten auf den Tisch legte. Ich verabredete ein Abendessen bei meiner besten Freundin, ich sagte, wir würden zu zweit kommen, damit sie endlich diesen Typen aus meinen Geschichten kennenlernte. Viktor machte sich zurecht, steckte das Sport-T-Shirt in die Hose, er sah aus wie Apollo. Als Teodora die Tür öffnete, blendete sie mein Lächeln. »Willkommen«, sagte sie herzlich und umarmte Viktor ohne zu zögern, »du bist also *der*.« Teodora war immer voller Liebe und umarmte gern Leute. Wir tranken zwei Flaschen Wein, die wir selbst mitgebracht hatten, und noch zwei, die Teodora zu Hause gehabt hatte. Ich mochte es, dass Viktor gern trank, Witze machte, anstatt lahmer Bemerkungen feuerte er richtige Geschütze ab, immer schnell und präzise. Ich bewunderte es, wie schnell er nachdachte, wie er immer genau das Richtige sagte. Er war so klug. Teodora hielt mit ihrer Begeisterung nicht hinterm Berg, ich sah sie jedes Mal in ihren Augen, wenn sie mir zuzwinkerte und er es nicht sah, wobei, es würde sich noch herausstellen, dass er immer alles sah. Die beiden waren sich einig in puncto Musik, Teodora hatte es immer genervt, dass ich keine Volksmusik hörte, endlich, sagte sie, hast du einen normalen Mann gefunden.

Ich verschluckte mich und tat so, als würde ich die Musik kennen, summte etwas ganz Schiefes, während die beiden mitsangen und lachten. Zum Abendessen hatte sie ihre Lasagne gemacht, die einzige Lasagne auf der Welt, die besser war als meine. Bei mir, sagte ich zu ihr, macht die Béchamelsauce immer ein wenig Klümpchen. »Liebes«, sagte er, »deine Béchamelsauce ist die beste.« Ich errötete, Teodora lachte, ich wusste, dass ihre Béchamelsauce besser war, aber ich konnte nicht glauben, dass er mich so sehr liebte.

»Wie konnte ich es vergessen«, sagte Teodora beim Essen, »ich habe noch einen exquisiten Käse, für den habe ich pures Gold bezahlt«, lachte sie. »Ich schneide euch ein paar Bissen ab zum Drüberstreuen, damit ihr ihn probieren könnt, ich hebe ihn fürs Wochenende auf, da habe ich Papa und seine Freundin zum Abendessen eingeladen«, zwinkerte sie mir zu. Sie hatte mir nicht erzählt, dass ihr Vater jemanden gefunden hatte, das freute mich sehr. Ihre Mutter war schon lange tot, und ihr Vater war ein wundervoller Mann, er hatte es wirklich verdient, jemanden an seiner Seite zu haben. Der Käse zerging regelrecht im Mund, und unter den Zähnen knisterten feine Körnchen, es kam mir vor, als platzte das Glück in mir auf. So einen Käse hatte ich noch nie probiert. Teodora sagte, das sei das Salz. Viktors Augen traten hervor: »Wow, bring doch noch was von dem Käse!« Teodora hielt sich am Kühlschrank fest, ich dachte, sie würde in Ohnmacht fallen, nicht wegen dem Käse, sondern aus Verlegenheit. Ich versuchte etwas zu sagen, aber die in meinen Magen rinnende Säure verätzte auch den letzten Gedanken, den ich im Kopf hatte, ich spürte nur noch das Brennen. »Na komm schon, gib den Käse her, hab dich nicht so, kaufst du eben einen anderen.« Teodora stellte den

Käse mit schwerer Hand zwischen mich und sie auf den Tisch, und während ich dieses dumme Stück gelben Milchfetts ansah und ihrem Blick auswich, wusste ich bereits, dass wir über diesen Klumpen Käse noch viele Male stolpern würden, nicht nur an diesem Abend. Bis zum Ende des Besuchs unterhielten sie sich über etwas, ich schwieg die meiste Zeit und überlegte mir, was ich alles zu ihm sagen würde, wenn wir nach Hause gingen. Alles hatte ich mir überlegt, ich würde ihm klar und energisch, aber nicht respektlos sagen, dass dieses Verhalten nicht in Ordnung ist. Ich würde ihm sagen, dass Teodora kaum über die Runden kommt und es nicht in Ordnung ist, sich ihr gegenüber so zu benehmen, und vor allem, dass sie meine Freundin ist und nicht seine, dass er nicht so unverschämt mit ihr sprechen kann, das würde ich ihm sagen, auch als wir schweigend mit dem Lift hinunterfuhren, überlegte ich mir das, alles würde ich ihm sagen, wir mussten uns nur noch ein wenig weiter von Teodoras Haus entfernen.

»Und das ist also deine beste Freundin«, sprach er nun doch als Erster, weil ich meinen Auftritt mit jedem Schritt hinausschob. Wie bitte?!, rief ich, dass du dich nicht in Grund und Boden schämst! Er beugte sich zu mir und sagte mir leise ins Ohr: »Hör auf zu schreien, es ist spät, was bist du doch schlecht erzogen.« Ich begann zu weinen und heiser zu schreien, wie wenn man in einem Albtraum auf der Stelle läuft, man schreit, und es ist nichts zu hören, ich zischte nur durch die Zähne und Tränen. Dass du dich nicht schämst, Teodora, beste Freundin, sie hat doch kein, wollte mit uns teilen, Scheißkäse, dass du dich nicht schämst, Unverschämtheit, verfickter Käse, alles, was ich mir überlegt hatte, war durcheinandergekommen, ich sagte nichts von dem, was ich geplant hatte, nur unzählige Male sagte ich – verfickter Käse. »Du tickst ja nicht ganz richtig. Ich wusste nicht, dass du so gern fluchst, bisher hast du doch nie geflucht. Pfui, wie ich es hasse, wenn Frauen fluchen.« An diesem Abend ging ich nicht mit zu ihm, jeder ging zu sich nach Hause, und der Käse blieb auf dem Tisch zwischen Teodora und mir stehen, für immer.

Das war das erste Mal, dass wir uns zwei Tage lang nicht gehört oder gesehen haben. Ich wollte mich nicht melden. In der Arbeit wurde es unerträglich langweilig. Ich bestellte nicht mit den Kollegen gemeinsam Essen, sondern saß in der Pause auf der Terrasse und rauchte. Die Straßenbahnen fuhren in zwei Richtungen über die Überführung. Herunter sauste eine rote Straßenbahn voller Leute, die es eilig hatten, und die Überführung hinauf schleppte sich eine alte grüne Straßenbahn, eine Einäugige, mit einer Handvoll Fahrgästen. Diese Straßenbahn tat mir leid. Auch die Leute darin wirkten nicht besonders glücklich. Der Straßenbahnfahrer stieg an der Kreuzung aus, um die Weiche zu stellen, danach kehrte er in seine warme Kabine zurück, deren Fenster beschlagen und auf einer Seite mit nackten Frauen aus der Tageszeitung beklebt waren. Er zündete sich eine Zigarette an. Er musste mit seinem Leben zufrieden sein, er wirkte so friedlich. Immer schon bewunderte ich die großen Leben und beneidete die kleinen.

Am dritten Tag, als er sich meldete, fragte er, ob er zu mir kommen könne. Ich sagte, das sei mir egal, aber es sei vielleicht zu früh, meine Alten seien da, auch Mario sei da, ich war mir nicht sicher, ob ich bereit dafür war. »Deine Alten, meinst du deine Eltern?« Ja, sagte ich. »Deine Eltern stören mich nicht, bitte, ich würde wirklich gern vorbeikommen.« Meiner

Mutter brachte er einen Blumenstrauß mit, meinem Vater eine Flasche teuren Whisky, und für Mario hatte er zwei Kinderüberraschungseier und ein kleines weißes T-Shirt mit rotem fünfzackigem Stern gekauft. Meine Mutter war nicht sonderlich begeistert, ich dachte mir, vielleicht mag sie auch einfach keine Blumen. Mein Vater klopfte Viktor auf die Schulter, er sagte: Danke, Großer, ich sah, dass es ihm gefiel, dass Viktor so groß war. Auch mir gefiel es, dass Viktor so groß war. Mario kam zum Tisch, teilte die Kinderüberraschungseier in zwei Hälften, nahm das kleine Spielzeug heraus und ging dann wieder in seine Ecke. »Der Kleine ist ja zuckersüß«, sagte er und sah mich bedeutsam an. Meine Mutter kochte für jeden einen Kaffee, und mein Vater schenkte jedem einen Schnaps ein. In unserem Haus wusste man immer, was sich gehört.

»Ich weiß«, sagte er, als wir für eine Zigarette in den Garten hinausgingen. »Ich hab überreagiert. Ich weiß nicht, was mit mir los ist. Als sie ihren Vater erwähnt hat, habe ich einfach durchgedreht. Ich weiß nicht, was mit mir passiert ist, ich habe einfach etwas Schlechtes in mir gespürt, ein Rachegefühl, wie soll ich dir das erklären. Deshalb habe ich diesen dummen Käse aufgegessen. Irgendwas Schlechtes gibt es in mir, Eva, da bin ich mir sicher, ich weiß nicht, was es ist, aber es ist schlecht. Ich habe meinen Vater nie kennengelernt.« Ich schlüpfte mit meinem Kopf unter seinen Arm und wischte mir heimlich die Tränen ab, ineinander verschlungen starrten wir gemeinsam in die Ferne. Auf der einen Seite leuchtete die ganze Stadt, auf der anderen leuchtete einsam und allein der Fernsehturm Avala. Mein armer Viktor. Ich hoffte, dass mein Mario, wenn er groß war, das nie sagen müsste, ich hoffte, dass ich für ihn einen Vater statt einer Taube finden würde.

Als wir zurück hineingingen, hatte meine Mutter schon Würstchen gebraten und den Tisch gedeckt. Diese Würstchen nannte ich »Reservewürstchen«, es gab sie immer dann, wenn jemand ungeplant zum Essen kam. Ich hoffte innerlich, dass meine Eltern ihm gegenüber locker sein würden, ich hoffte, sie würden ihn nichts Falsches fragen, ich wusste nicht, wie ich ihnen Viktors Situation erklären sollte. Zum Glück war mein Vater von Anfang an freundlich, alle fünf Minuten schenkte er ihm und sich selbst Schnaps ein. Sie redeten über die Arbeit, mein Vater sagte, er sei im Ruhestand, und Viktor sagte, er hätte unlängst bei einer Firma aufgehört und suche eine andere, sie redeten über Politik und waren sich einig, dass dieses Regime eine Katastrophe sei, alles würde verkauft, privatisiert, früher war es besser. Ich kannte mich mit Politik nicht gut aus, weil das nie Frauensache war, Vater hatte mit uns nie darüber gesprochen, und er freute sich, dass er sich nun endlich in seinem Haus mit jemandem darüber unterhalten konnte. Meine Mutter war sehr skeptisch, sie lauschte dem Gespräch, indem sie uns grundsätzlich den Rücken zukehrte, einen Lappen in der Hand, sie kam nicht oft an den Tisch, so lange, bis Viktor anfing, Wörter zu verwenden, die jede Mutter liebte, Wörter wie zum Beispiel *himmlisch.* »Ihr Haus ist himmlisch, Sie kümmern sich ganz allein darum, erhalten es, putzen es und, wie ich sehe, kochen sogar? Respekt!« Meine Mutter wurde röter als die Würstchen, so ist es, ganz allein, sagte sie. »Wissen Sie«, sagte Viktor, »die Arbeit von Frauen sieht man erst, wenn die Frau aufhört, sie zu verrichten. Soviel ich sehe, ist bei Ihnen alles picobello. Das heißt, Sie arbeiten ununterbrochen, das muss anstrengend sein. Und daneben arbeiten Sie auch noch am Obst- und Gemüsestand, wenn ich Sie recht verstanden habe?« »So ist es, auch am Obst- und Gemüsestand«, sagte meine Mutter, während sie mit einem gestärkten weißen Geschirrtuch einen Topf abtrocknete, nur dieses Mal trocknete sie ihn irgendwie überbetont ab, wie auf einer Bühne, sodass man das Abtrocknen sehen konnte. Meine Eltern schlossen Viktor ins Herz, und ich schloss meine Eltern wieder ins Herz. Ich sagte zu ihm, es wäre zu viel, wenn er bei uns übernachten würde, er verstand und ging. Mein Vater schnarchte, meine Mutter stand in dieser Nacht nicht auf, um zu pinkeln. Oder ich habe sie nicht gehört.

————

Ich werde aufhören zu trinken, jetzt ganz bestimmt, dachte ich. Dieses Mal ist mein Entschluss unverrückbar. Die ganze Nacht lang übergab ich mich und weckte Mario ein paar Mal auf. Zum Glück war er so zufrieden mit seinem Geschenk, dass er nicht weinerlich war, sondern jedes Mal sein neues großes Flugzeug an sich drückte und weiterschlief, während ich im Hintergrund wie eine Gewitterwolke rumorte und hoffte, dass niemand meine Turbulenzen mitbekam. Das Flugzeug hatte ich ihm gekauft, weil er gesagt hatte, dass er Pilot werden möchte, wenn er mal groß sei, denn wenn die Tauben fliegen konnten, dann wollte er das auch. Ich hatte mein Dezembergehalt und den Bonus im Voraus bekommen und ihm zum Geburtstag das größte Geschenk auf der Welt gekauft. Und die größte Torte. Wenn ich daran denke, wie viel Torte ich gegessen habe, wird mir gleich wieder übel. Wenn ich trinke, esse ich nichts Süßes, außer wenn ich aufhören möchte zu trinken, damit es den Alkohol aufsaugt. Also stopfte ich mich mit Süßem voll, damit mir vor dem Alkohol grauste, aber auch das half nicht wirklich. Ich aß abwechselnd Torte und trank, weil ich nicht glauben konnte, dass Tomislav nicht einmal angerufen hatte. Er hätte wenigstens anrufen können, wenn er nicht auch noch das Datum vergessen hatte, dachte ich. Ich ahnte ja nicht, dass die Alimente, die er diesen Monat bezahlte, die letzten waren, die er jemals bezahlen würde. Viktor hatte gesagt, dass er nicht kommen könne, das verstand ich, an seiner Stelle wäre ich auch nicht gekommen, das wäre zu viel. Vera kam mit ihrem Freund, sie brachten ein hübsches Geschenk mit, das muss ich zugeben. Auch die Tanten brachten hübsche Geschenke mit, und mein Vater hatte Mario ein großes Vogelhäuschen gebaut, das sie gemeinsam am Zaun festnagelten. Es kam mir falsch vor, ein Vogelhäuschen festzunageln. Vögel und Festnageln. Einfach falsch. Ich sagte, sie hätten es vielleicht einfach zwischen die Äste stellen und anlehnen sollen, aber mein Vater sagte, dass solche Häuschen instabil seien, »dann kommt der Wind und trägt sie fort«, erklärte er Mario. »Ein Haus muss festgenagelt werden«, sagte er. Der ganze Tag war unerträglich, Mario rot im Gesicht vom vielen Kneifen, und von allen Seiten die Tantenfinger voll goldener Ringe und Slims-Zigaretten, die in Marios Wangen kniffen, als machten sie sich über ihn lustig. Vera und ihr Freund hielten sich zurück, sie hielten sich schon wieder zu sehr zurück, waren zufällige Gäste, Passanten. Alle lächelten, lächelten unerträglich, wenn man dem Lächeln den Sinn nahm, sah es aus, als würden alle einander die Zähne zeigen. Ein wirkliches Lachen habe ich überhaupt nicht gehört, eher so ein Rauschen im Kopf, deshalb aß und trank ich, um zumindest meine Zähne hinter der Torte zu verstecken, denn wenn ich sie gezeigt hätte, hätten sie gewusst, dass etwas nicht in Ordnung ist. In meinem Bauch spürte ich ein verwestes Kind, eines, das ich vergessen hatte, zur Welt zu bringen, dabei wusste ich sicher, dass ich nicht schwanger war, es waren nur kiloweise Torte und literweise Wein. Meine Mutter zündete dutzende Male die Kerzen an, damit Mario sie noch mal ausblasen konnte, und er blies, wünschte sich was, noch mal und noch mal, Tauben, Flugzeuge, wer weiß, was er sich noch wünschte, und sie fotografierte ihn, geschmacklos oft fotografierte sie ihn. Meine Mutter behauptet, sie hätte eine künstlerische Gabe, die sie aber nie zur Entfaltung bringen konnte, also drückte sie sie meistens aus, indem sie Blumenservietten auf Küchengegenstände klebte, was, wenn man mich fragt, von einer künstlerischen Gabe meilenweit entfernt ist. Und ihr Fotoapparat machte mich wahnsinnig, ich kannte niemanden, der immer noch einen Fotoapparat mit Film verwendete, ich glaube, das Fotogeschäft in Železnik gab es nur noch wegen ihr. Als ich am nächsten Tag das eingerahmte Foto sah – Mario saß vor der Torte, drei Finger, Daumen, Zeigefinger und Mittelfinger, zum serbischen Gruß ausgestreckt –, warf ich es in den Müll. Sie sagte zu mir, ich bilde mir etwas ein und übertreibe, ich verhalte mich »seltsam in letzter Zeit«. Sie sagte es viel zu gefasst, fast beleidigt, während sie Paprikakerne und Zigarettenasche vom Bilderrahmen putzte. Ein Haus muss festgenagelt werden, dieser Satz dünstete durch mich hindurch, zusammen mit dem Alkohol.

Nach der Arbeit setzte ich mich ans Ufer des Flusses. Ich sage absichtlich nicht »Donau«, denn die Donau war nur dort die Donau, wo sie mir gehörte. Hier in der Stadt war die Donau nur ein trüber Fluss voll Schlamm und Müll. In Geografie kannte ich mich nicht so gut aus, aber ich wusste, dass die Donau durch viele Länder floss, und dass sie ziemlich sicher in einem anderen Land, irgendwo im Norden, glücklicher aussah als hier, wo sie an mir ganz grau und schwerfällig vorbeizog wie ein Ochse. Viktor rief an, er fragte, ob ich Hunger habe, und erst da spürte ich den Hunger, den ganzen Tag lang hatte ich überhaupt nicht ans Essen gedacht, immer noch kämpfte ich still mit der Übelkeit in mir. Er sagte, er komme bald, er fragte nicht einmal, wo ich sei, »ich finde dich schon«, sagte er. Und er fand mich tatsächlich. Er kam von hinten auf mich zu, er erschreckte mich nicht, denn ich roch schon den Pizzaduft, als er näher kam. Er hatte in meinem Lieblings-Fast-Food-Lokal eine Pizza und eine Zweiliterflasche Cola gekauft und setzte sich neben mich. »Für mehr hatte ich keine Kohle«, sagte er, dabei wusste er nicht, dass genau das in diesem Augenblick die Mahlzeit meiner Träume war. Oder er wusste es doch, damals glaubte ich ja immer noch, dass er alles wusste. Mit fettigen Händen zündeten wir uns nach dem Essen eine Zigarette an, ich fragte ihn, ob er wisse, wo überall die Donau durchfloss, und er sagte, dass die Donau durch mich floss, egal wo ich mich befände. »Das sieht man in deinen Augen«, sagte er, »dein Sternzeichen ist die Donau«, und ich lachte, zum ersten Mal an diesem Tag lachte ich und spürte, dass das Leben doch Erbarmen hatte und dass alles gut werden würde. »Alles wird gut«, sagte er eine Sekunde nachdem ich es gedacht hatte.

———

Erst im Frühling begriff ich, dass auch die Donau für ihn nur eine Zielscheibe war, als hätte er es auf sie auch abgesehen. Meine Eltern waren im Urlaub, also schliefen wir mit Mario im Haus in Železnik. Er brachte ihm im Hof das Fußballspielen bei, sie bauten kleine Tore aus Gartenstühlen, ich kochte das Mittagessen. An diesem Tag sangen die Türkentauben schöner als sonst, zutraulicher, und neben den im Öl zischenden Pljeskavica hörte ich auch sie, Mario, der kicherte, und Viktor, der mit der Stimme eines Sportkommentators sagte: »Der Tormann hat keine Angst, der Tormann wartet ruhig auf den Elfmeter, der Spieler ist bereit, es ist eine historische Chance, eine nicht zu vergebende Chance, der Spieler ist bereit für den Schuss, der Spieler schießt, aber der Tormann schätzt die Seite richtig ein, der Tormann lässt sich fallen und fasst den Ball mit beiden Händen, sehen Sie sich das an, es ist unglaublich, der Elfmeter wurde abgewehrt!« Ich spähte durch die Eingangstür, als Viktor den Ball ganz langsam genau in Marios Arme kickte, und dieser fing ihn vollends glücklich auf, nichts ahnend von all den Strafstößen, die ihn später im Leben treffen würden. Am Tisch saßen wir alle zusammen, zur gleichen Zeit, nicht wie bei meinen Eltern, wenn meine Mutter meinen Vater stundenlang zu Tisch rief, bis das Essen kalt war. Wir aßen unser warmes Essen schweigend, wahrhaft glücklich. Am späten Nachmittag schaute Mario Zeichentrickfilme, wir tranken Wein, ich trank also doch, aber wenn ich mit ihm trank, war es anders. Wir tranken langsam und unterhielten uns, hauptsächlich sprach er, er wusste so viel. Ich schwieg und hörte zu, in meinem Kopf entstanden ganz neue Kontinente, die ich nie zuvor betreten hatte, ich fragte mich, wie es möglich war, dass das Leben offensichtlich so an mir vorbeigegangen war, bevor ich ihn kennengelernt hatte. Neben Viktor fühlte ich mich, als müsste ich das Gehen und Sprechen von Anfang an neu lernen. Jetzt, wenn ich mich daran erinnern müsste, könnte ich nicht eine Tatsache wiedergeben, über die er gesprochen hat. Wobei, an etwas erinnere ich mich, wir redeten zum Beispiel darüber, wie blinde Menschen die Welt begriffen. »Also, Eva«, sagte er zu mir, »woran denkst du, wenn du an einen Stuhl denkst?« Na, an einen Stuhl, sagte ich schüchtern, ich weiß nicht, woran ich sonst denken sollte. Er sagte: »Na gut, aber an welchen Stuhl?« Ich weiß nicht, sagte ich, an den hier, und ich zeigte auf den Küchenstuhl. »Also gut, du denkst also zum Beispiel an einen Stuhl, der dir am nächsten ist, oder vielleicht an den letzten Stuhl, den du gesehen hast, bevor ich dich danach gefragt habe. Jemand anderes denkt vielleicht an seinen Lieblingsstuhl oder an den Stuhl, auf dem er gesessen hat, als er klein war, von dem er zum ersten Mal gelernt hat, dass es ein Stuhl ist. Verstehst du?« Ich nickte und zog an der Zigarette, ich versuchte mich an meine Lieblingsstühle zu erinnern, und an die kleinen roten Plastikstühle, auf denen ich saß, als ich klein war, bisher hatte ich mich noch nie an sie erinnert. Mein Hirn explodierte in verschiedene Richtungen, ich glaubte nicht, dass ich je zuvor so nachgedacht hatte, nicht über Stühle und schon gar nicht über irgendetwas anderes. »Also gut«, sagte er, »was meinst du dann, woran denken blinde Menschen, wenn sie an einen Stuhl denken?«, und ich versuchte zu antworten, aber ich fühlte mich, als sei auch ich blind. Da wurde mir klar, dass ich eigentlich gar nichts wusste, weder über Stühle noch über blinde Menschen, noch über das Leben. Nach ein paar Flaschen Wein trübten sich meine Gedanken, wieder hatten wir zu viel getrunken, da rief er aus dem Nichts heraus: »Ich hab eine Idee!« Die Idee war, Mario bei der Nachbarin zu lassen und zum Fluss zu fahren, um zu baden. Es war spät, Mario sollte langsam ins Bett, es war höchst unangebracht, ihn um diese Zeit zur Nachbarin zu bringen, sagte ich zu ihm, wir sind auch selbst schon müde, es ist spät. »Komm schon«, sagte er, »du kannst nichts Neues erleben, wenn du nicht aus deiner Komfortzone rauskommst«, sagte er, »dem Kleinen wird es gut gehen, wir hatten einen schönen Tag!« Wir hatten wirklich einen schönen Tag, und er hatte sich wirklich um ihn bemüht, rechtfertigte ich mich innerlich, als ich den schläfrigen Mario vor der Tür der Nachbarin an der Hand hielt. Die Nachbarin merkte, dass ich nach Alkohol stank, obwohl ich mir selbst das Gegenteil einredete, ich sah es in ihrem Blick, als sie die Tür öffnete. Sie sagte, kein Problem, und fragte, wann ich zurück sei. Ein Notfall, sagte ich, ich hasste es, mir Lügen auszudenken, ich sagte einfach nur »ein Notfall, bin gleich zurück«, und sie sagte »gut«. Im Auto hörten wir wieder laut Musik, jetzt hatte ich mich schon an die Volksmusik gewöhnt, obwohl ich sie nicht mochte, sie störte mich nicht, und ich nahm sie gar nicht mehr wahr, ich fuhr einfach nur Richtung Fluss und konzentrierte mich auf die Straße, weil mein Sehvermögen getrübt war. Als wir ankamen, war die Donau gleichermaßen trüb wie ich. Wir zogen uns aus und sprangen hinein. Aber ich hatte nicht daran gedacht, das Halskettchen abzunehmen, mein Lieblingshalskettchen, das mir mein Vater zum achtzehnten Geburtstag gekauft hatte, ein langes silbernes Halskettchen mit silbernem Herzen, so lang, dass man es leicht, ohne den Verschluss zu öffnen, über den Kopf ziehen konnte, und das ich nie abnahm. Als wir aus dem Wasser kamen, fiel mir auf, dass es weg war, und ich geriet in Panik, ich sagte Halskettchen, Vater, mein Lieblingshalskettchen, Vater wird traurig sein, Scheißdonau, verdammte Donau, schrie ich unter Tränen. Er sprang in diese dunkle und verdammte Donau, tauchte ein paar Mal ein und ein paar Mal wieder auf, und am Ende kam er mit blutunterlaufenen Augen heraus, mein Halskettchen in den Händen. Ich erinnere mich, ganz genau erinnere ich mich an diesen Augenblick, es war nicht so sehr das Halskettchen, sondern was ich ihm gegenüber empfand, ich dachte mir, daran erinnere ich mich genau, ich dachte mir, er sei allmächtig. Ich sprang vor Glück auf und ab, umarmte und küsste ihn, sagte zu ihm, er sei ein Gott, nichts weniger, ein Gott, wiederholte ich, und er lachte, mit kalten Wangen und heißem Atem. Erst später begriff ich, dass das Halskettchen gerissen war, dass es mir nicht über den Kopf gerutscht, sondern an der Verschlussstelle abgerissen war, und dass es realistisch gesehen unmöglich war, ein so dünnes Halskettchen in der so trüben und dunklen Scheißdonau zu finden. Die einzige Möglichkeit war, dass er es mir beim Reinspringen abgerissen und es bei sich versteckt hatte, und dass die Suche danach nur gespielt war, eine seiner vielen Theatervorstellungen.

Nach der Donau war mein Vater dran.

———

Auch als die Eltern aus dem Urlaub zurückkamen, blieben wir zusammen im Haus, Viktor hatte sich eingewöhnt, und das freute mich. Die Eltern richteten sich im Extrazimmer im Erdgeschoss ein, aus ihrem Zimmer machte ich unser Schlafzimmer, und Mario blieb allein in dem Zimmer, in dem bisher Viktor und ich gewohnt hatten. Es ist auch Zeit geworden, dass er sein eigenes Zimmer bekommt, dachte ich. Viktor arbeitete ganze Nächte lang, sodass ich mich daran gewöhnte, bei brennendem Licht zu schlafen. Eingeschaltetem, ständig besserte er mich aus, brennen tut etwas, wenn es angezündet wird. Manchmal, wenn ich vor lauter Licht und Zigarettenrauch gar nicht schlafen konnte, übernachtete ich bei Mario im Bett. Am Morgen legte sich Viktor hin, ich machte Frühstück für Mario und ging zur Arbeit. Wenn ich von der Arbeit kam, war Mario im Garten, und Viktor trank oben Bier und hörte Musik. Ich hörte sie schon vom Garten aus, so laut war sie. Meine Eltern kommentierten das nicht, aber ich sah, dass es sie störte. Bei einer Gelegenheit sagte ich zu ihm, dass die Musik zu laut sei, warum musste sie gar so laut sein, fragte ich ihn, und er sagte: »Weil ich deine Eltern emanzipiere.« Er sagte das, als er am Schreibtisch saß, er schrieb etwas und drehte sich nicht einmal um zu mir, nur eine leere Dose wackelte. Ich setzte mich in den Lehnsessel neben dem Fenster und tippte das Wort »Emanzipation« in die Suchmaschine. Das war eines dieser Wörter, deren Bedeutung ich zwar kannte, aber nie wirklich genau und nie wirklich ausreichend, um sie auch selbst zu verwenden. Nachdenklich schaute ich durchs Fenster, Mario saß neben einer Porzellanschüssel voller Kirschen in der Wiese und aß begierig, er stopfte sich eine Handvoll Kirschen auf einmal in den Mund und spuckte die Kerne nicht aus. Ich machte mir Sorgen, er wird sich verschlucken, dachte ich, und das Nächste, was ich eintippte, war »Kirschkern verschlucken tödlich«. Wie sich herausstellte, war noch niemand beim Kirschenessen erstickt, aber Kirschkerne selbst waren wirklich gefährlich. *Ein Mann aus Blackpool in Großbritannien wurde mit dem Notarztwagen ins Krankenhaus gebracht, nachdem er drei Kirschkerne verschluckt hatte. Er hatte nicht gewusst, dass diese Zyanid enthalten.* Ich warf das Handy weg und rannte in den Garten hinunter. Mario weinte, als ich ihm die Porzellanschüssel wegnahm. Kirschkerne enthalten Zyanid, sagte ich zu meiner Mutter, und sie sagte, die sind doch von unserem Obststand, ungespritzt und aus der Gegend. Sie war wirklich unemanzipiert.

———

Bei Viktor lief es gut mit der Arbeit, sagte er, es sah so aus, als würde er bald für eine Tageszeitung schreiben. Das ist wunderbar, sagte ich, obwohl ich eigentlich nie Tageszeitungen las, womöglich hatte ich überhaupt noch nie eine Zeitung gekauft, es nervte mich wahnsinnig, dass sie nicht ordentlich geheftet waren. Ich mochte ordentliche Dinge, Dinge unter Kontrolle, Zeitungen waren für mich eindeutig etwas Unkontrolliertes. »Komm mit mir zu der Besprechung«, sagte er an diesem Tag. Ich war so stolz, mit ihm da hinzugehen. Ich zog mein liebstes langes Kleid und Sandalen an und machte meine Haare zurecht, während er sich rasierte. »Bist du fertig?«, fragte er, als ich längst dasaß, die Hände über meiner Handtasche gekreuzt, voll und ganz fertig. Nicht selten war ich längst vor ihm fertig, egal wohin wir gingen. Fertig!, sagte ich und sprang freudig auf. »So gehst du da hin, wie eine Großmutter?« Ich sah mein Kleid an, vom Bauch abwärts, so viel ich eben sehen konnte, es war das schönste Kleid, das ich hatte. Wie meinst du das, wie eine Großmutter, fragte ich. »Schön, du siehst aus wie eine Großmutter. Die Leute werden denken, dass ich eine Großmutter zur Frau habe. Wenn du denkst, du siehst klüger aus in dem Kleid, tust du nicht. Eine Frau in deinem Alter muss kürzere Röcke anziehen.« Ich ließ die Tasche zu Boden gleiten, weil sie plötzlich ein paar Tonnen schwerer war, und setzte mich wieder auf den Sessel. »Entschuldige«, sagte er, »ich hab wirklich Bammel vor diesem Treffen, ich dreh gleich durch. Das Kleid steht dir gut, gehen wir.« Ich stand auf, dieses Mal langsamer, ohne jeglichen Elan, und ging schweigend mit. Im Auto sagte er zu mir, ich solle einen Parkplatz suchen und in dieses und jenes Restaurant kommen, wir seien zu spät dran, er steige zuerst aus. »Und wenn's leicht geht, bitte keine Kommentare während des Treffens, ja?«, er stieg aus dem Wagen und knallte die Tür zu. Ein paar Straßen weiter fand ich einen Parkplatz. Während ich ging, betrachtete ich mein Spiegelbild in den Schaufenstern. Ich war mir nicht ganz sicher, wie ich aussah, das Kleid fand ich immer noch schön, aber ich sah wirklich aus wie eine Großmutter. Meine Augenringe zogen sich über mein Gesicht, ich spürte, wie schwer sie waren, sie zogen meinen Kopf nach unten. Immer schon hatte ich Schlafprobleme gehabt, das war nichts Neues. Meine Haare sahen verklebt aus, obwohl ich sie am Vortag gewaschen hatte. Ich ernähre mich nicht gut, dachte ich. Stimmt, obwohl ich im Gesicht abgenommen habe, habe ich an seltsamen Stellen des Körpers Pölsterchen bekommen, das fiel mir auf, als ich das Kleid hochhob, um zu sehen, wie es mir stehen würde, wenn es kürzer wäre. In diesem Moment kam ich mir selbst so hässlich vor, dass ich am liebsten zum Auto zurückgegangen und nach Hause gefahren wäre. Aber ich konnte Viktor nicht im Stich lassen, ich wusste, wie wichtig ihm dieses Treffen war.

Ich trank Kaffee und rauchte, dabei hörte ich ihrem Gespräch zu, obwohl es so aussah, als würde ich in diesem Sessel einfach nur existieren, ohne irgendein Ziel. Die Kaffeetasse nahm ich immer zu umständlich in die Hand, um daraus schön einen Schluck zu trinken, ich hielt sie irgendwie falsch, und noch ungeschickter stellte ich sie zurück auf die Untertasse, nie traf ich die Mitte der Untertasse, auf die die Tasse draufpassen sollte, sodass sie dann schief stand. Ein paar Mal rückte ich die Tasse gerade, als niemand herschaute. Die Frau war etwas älter, groß und blond, jeder Teil von ihr war voller Selbstvertrauen. Ihre Finger waren angespannt, die Bewegungen präzise, es schien mir, als wüsste sie in jedem Augenblick, was sie mit ihrem ganzen Körper machte, sogar mit dem kleinen Finger wusste sie, was sie tat, das sah man. Sie hielt alles unter Kontrolle, sah Viktor durchdringend an, ohne zu blinzeln, und manchmal schaute sie auch mich kurz an. Dieser Blick unterschied sich völlig von dem, mit dem sie Viktor bedachte, mich sah sie an, so schien es mir, als widerte ich sie an, oder, im besten Fall, als täte ich ihr leid. Als Viktor am Ende der Besprechung sagte, »Schatz, würdest du zahlen gehen?«, und die Dame sich empörte, kommt gar nicht in Frage, stand ich rasch auf und dachte, na also, bitte sehr, soll sie nur sehen, wer ihr nun leidtat. Selbstverständlich, sagte ich, und stand stolz auf, meine Sandalen hallten durch das Restaurant und machten deutlich, dass ich niemand war, der einem leidtat, das dachte ich mir, während meine Absätze über den Marmorboden klackerten. »Wir haben den Job, Liebling«, sagte er zu mir, während wir umschlungen das Restaurant verließen, »du bist mein Glücksstern.« Er sagte, sobald er etwas verdienen würde, müsste ich mich nicht mehr quälen und jeden Tag zur

Arbeit gehen, weder Mario noch ich müssten uns mehr quälen, nie mehr. »Du arbeitest dein ganzes Leben lang, Schatz, das ist nicht fair. Ich verspreche dir, du wirst nicht mehr arbeiten müssen, du wirst tun können, was du willst, das hast du dir verdient«, sagte er, und ich war mir nicht ganz sicher, was ich eigentlich tun wollte. Ich würde gerne reisen, sagte ich, solange Mario noch nicht zur Schule geht, an ferne Orte reisen, barfuß an Tropenstränden spazieren gehen. »Wichtiger sind die inneren Reisen«, sagte er, daran erinnere ich mich, »und nicht diese kapitalistische Scheiße, die unseren Planeten verdreckt«, und ich dachte wieder, ich hätte etwas Falsches gesagt, obwohl sich innere Reisen für mich angenehm anhörten. »Wir werden«, meinte er, »in Ruhe sitzen, lesen, diskutieren, über das Leben nachdenken können.« Stimmt, Reisen waren nicht so wichtig, dachte ich, wichtiger war es, dass wir zusammen waren, egal wo.

Am Abend saßen wir mit meinem Vater zusammen und stießen mit ihm an, meinem Vater gefiel es, jemanden zu haben, mit dem er anstoßen konnte, meine Mutter saß auf dem Boden und spielte mit Mario, sie bauten einen Turm aus Bausteinen. »Mein Sohn«, sagte er, »das ist eine ernste Sache, keine Kleinigkeit, sehr mutig, solche Sachen heutzutage zu schreiben«, und ich sah Viktor an, blinzelte nicht, ich wollte sehen, ob er das »mein Sohn« gehört hatte, ob es ihm gefiel, ob es ihn störte, mein Vater wollte ihn jedenfalls nicht beleidigen. Viktor lachte warmherzig, er wirkte, als wäre alles in Ordnung, so lange, bis er sagte: »Wissen Sie, Sie sind nicht die einzige Familie, in der ein Kind bevorzugt und das andere vernachlässigt wird.« Sowohl mein Vater als auch ich schwiegen, Mario fiel ein Baustein hinunter, der alle Steine darunter zum

Einsturz brachte, oder es war meine Mutter, die den letzten Stein falsch hingelegt hatte, ich war mir nicht sicher. Mein Vater sagte nur kurz »Wie bitte«, und Viktor fuhr fort, darüber zu sprechen, wie unfair es war, dass sie eine Tochter, diese eine Tochter war ich, dass sie also eine Tochter von Kindesbeinen an auf die Straße schickten, um zu arbeiten, und für die andere eine Wohnung mieteten und ihr Bildung ermöglichten. Ich sah, wie Vaters Blutdruck anstieg, ich sah es deutlich an dem Weiß in seinen Augen, meine Mutter stand auf und brachte Mario in sein Zimmer. Mein Vater stand auf und sagte: »Eva, mein Kind, ich muss jetzt ins Bett, nehmt es mir nicht übel«, und ging. Viktor und ich saßen schweigend am Tisch, ich wollte nicht einfach zu weinen anfangen, ich wollte mich auf den Boden werfen und heulen wie Mario, wenn man ihm ein Spielzeug aus der Hand nahm. Warum machst du das, fragte ich, warum musst du jeden schönen Moment ruinieren, fragte ich leise mit zittriger Stimme. Das hättest du nicht sagen sollen, sagte ich zu ihm, doch er versuchte mich zu überzeugen, dass ich mich nicht schlecht fühlen sollte, so sei es nun mal, ich müsse für mich einstehen und kämpfen. Ich sei zu sehr an die Ungerechtigkeit gewöhnt, er könne das nicht ertragen, ich, seine Frau, verdiene etwas Besseres. Ich brauchte nichts Besseres, es ging mir gut, ich wollte nur, dass alles in Ordnung war, so wie es in der ersten Tageshälfte in Ordnung war, so wie, wie sich herausstellte, alles immer in Ordnung war, aber nur in der ersten Tageshälfte, doch wenn es dunkel wurde, dann gab es einfach nur Finsternis, allumfassende, alltägliche, immer dunklere Finsternis. Er sammelte seine Sachen ein und sagte, er wolle nicht in einem Haus mit Leuten wohnen, die ihn und seine Frau unterschätzten, und wenn ich seine Frau sei, dann müsse ich das verstehen, er habe keine böse Absicht. »Sie können einfach keine Kritik akzeptieren, sich nicht mit etwas konfrontieren.« Ich blieb am Tisch sitzen und hörte zu, wie die Reißverschlüsse an den Taschen auf und zu gingen, ich weiß nicht, wie viele es waren, aber es kam mir vor, als gäbe es viel mehr Reißverschlüsse als Taschen, und ich spürte, wie mich das Geräusch innerlich entzweiriss, dieses Geräusch, das ich mehr als alles andere hassen würde.

Das war meine erste schlaflose Nacht, und die anderen waren im Grunde ähnlich. Mario ließ ich unten bei Oma und Opa. Die Wände im ganzen Stockwerk stanken immer noch nach Rauch, sie stanken mehr als zu der Zeit, als er noch da war. Der Bürostuhl quietschte nicht, ich hörte kein Tippen auf der Tastatur, es war die erste Nacht ohne eingeschaltetes Licht, das Zimmer war vollkommen leer, leerer als je zuvor, jedes Möbelstück, jedes Regal, jede Schublade, alles wies unmissverständlich nur auf eines hin – dass er gegangen war. Ich schaltete dennoch das Licht ein. Das Einzige, das im Zimmer und in mir neben der Leere noch geblieben war, war der Nikotingestank, von dem ich mich übergeben musste. Ich erbrach die Leere, das Nichts, irgendeine Art Galle, ich erbrach die Reißverschlussgeräusche, die in mich eingedrungen waren und hinauswollten. Die Kälte, die sich in meinem Körper festgesetzt hatte, war unerklärlich, ich zitterte ununterbrochen, stundenlang, wie defekt.

Die feste morgendliche Stille durchbrachen nur die Türkentauben. Mein Gesicht übermalte ich geschickt mit Make-up, ich musste mein Gesicht von Neuem zeichnen, denn es war nicht mehr wiederzuerkennen. Mein Vater und Mario waren bereits im Garten, und meine Mutter schwieg, irgendwie geräuschvoll. Es tut mir leid, entschuldigte ich mich bei ihr, ich habe so etwas nie gesagt, und das, was er gesagt hat, glaube ich nicht, sagte ich und nannte ihn zum ersten Mal nicht beim Namen. Ich umarmte sie von hinten, erst da fiel mir auf, wie lange ich meine Mutter nicht umarmt hatte, aber ihre Arme hingen einfach nur an ihrem Körper hinunter wie nasse Fetzen. Sie schloss die Augen – das spürte ich, dass sie die Augen schloss. Eva, mein Kind, sagte sie nach einigen Schweigesekunden zu mir, Eva, wiederholte sie und schwieg wieder. Dann drehte sie sich um, ihre Augen bewegten sich langsam, wie durch Öl, sie umarmte mich und sagte leise in mein Ohr: »Eva, niemand auf der Welt liebt dich mehr als wir. Mehr als die Familie, merk dir das. Ich wollte für dich immer nur das Beste.« Das sagte sie, dann brach sie in Tränen aus und ging in ihr Zimmer. Mein Vater tat, als sähe er mich nicht, ich gab Mario einen Kuss auf den Scheitel, ermahnte ihn, brav zu sein, und ging zur Arbeit. Schon als Kind hatte ich es gehasst, wenn mich mein Vater mit Schweigen bestrafte, das war die Strafe, die ich am meisten fürchtete.

Es war einer der schlimmsten Tage in der Arbeit, daran erinnere ich mich. Ich dachte über Viktors Worte nach, und sobald ich merkte, dass ihm nur ein kleiner Teil von mir recht gab, floh ich erschrocken vor meinen Gedanken, als hätte ich eine Leiche erblickt. Ich hatte tatsächlich mein ganzes Leben gearbeitet, aber das war meine Entscheidung gewesen, das war mein Leben, niemand hatte mich dazu gezwungen. Wenn ich gewollt hätte, hätte auch ich studieren können, meine Eltern hätten mich bestimmt unterstützt, meine Mutter hätte mich bestimmt unterstützt, sie hatte immer schon gesagt, ich solle einen Uniabschluss machen. Es war meine Entscheidung, mein Leben, so wie Veras Leben ihre Entscheidung war, dachte ich, aber dennoch spürte ich an diesem Morgen, es fällt mir schwer, das zuzugeben, ein kleines bisschen Neid in meinem Bauch entstehen, er keimte in der Dunkelheit auf wie eine Kartoffel. Vielleicht wären sie doch verpflichtet gewesen, mich zu zwingen, dachte ich, mich zu lenken, obwohl ich mir zumindest in einem Punkt sicher war, nämlich dass mich niemand zu irgendetwas hätte zwingen können. Vielleicht hätten sie nicht lockerlassen sollen, vielleicht hätten sie mir mehr Aufmerksamkeit schenken sollen, vielleicht war es doch nicht meine Schuld, ich hatte nur getan, was ich konnte. Während ich so über sie nachdachte, füllten sich meine Augen mit Tränen, meine Eltern taten mir leid, ich schämte mich für meine Gedanken, sie waren doch letzten Endes auch einfach nur Menschen, sie haben nur gehandelt, so gut es ihnen möglich war, vielleicht haben sie es zu dieser Zeit einfach nicht besser gewusst und erst später dazugelernt, dreizehn Jahre später, als Vera kam. Wir werden erst erwachsen, begriff ich, wenn wir beginnen, die eigenen Eltern als Menschen zu sehen, einfach nur Menschen, die keinerlei Macht, keine Zauberkräfte zum Problemlösen haben, sie irren genauso herum, versuchen es, zielen und treffen nicht. Unsere Eltern sind zu alt, als dass wir ihnen sagen könnten, was wir denken. Sie sind zu alt für erhöhte Lautstärke und Streit, sie haben schon genug von erhöhtem Zucker, Blutdruck, Cholesterin, erhöhten Altersgrenzen für die Pension. All das müssen wir berücksichtigen, wenn wir mit ihnen sprechen. Unsere Eltern sind zu alt, um Menschen wie uns, wie mich, zu verstehen, sie haben ein anderes Leben in einer anderen Zeit gelebt. Auch sie hatten ihre Leiden, ihre Fronten, an denen sie kämpften, sie kämpften für uns mit den Waffen, die sie damals hatten, und deshalb werden sie in unseren Herzen immer einen besonderen Platz einnehmen, den Platz eines Opfers, und wir werden diesem Opfer immer etwas schuldig sein. Unsere Eltern sind für immer älter als wir, obwohl wir bei weitem mehr gesundheitliche Probleme haben als sie in unserem Alter. Unsere Eltern sind einfach zu alt, als dass wir ihnen sagen könnten, was wir wirklich denken, und deshalb zahlen wir ihnen jetzt die Schuld zurück, indem wir mit ihnen wie mit Kindern sprechen, sie schonen und schützen, vor allem vor uns selbst. Darum entschied ich, meinen Eltern niemals mehr etwas zu erzählen, sie zu schonen, denn sie hatten ausschließlich schöne Worte verdient.

Eva, sagte ich und wischte meine Tränen ab, ab heute wirst du schweigen.

———

Ich sah unzählige Male aufs Handy, ich war mir nicht sicher, ob ich wollte, dass es klingelte, oder nicht. Es klingelte nicht. Das Mittagessen bestellte ich gemeinsam mit den Kollegen, aber in meinem Mund nahm ich außer Kauen und willkürlichen Zungenbewegungen nichts wahr. Keinerlei Geschmack. Der Schmerz im Bauch verwandelte sich in Trotz, in Stolz, er erinnerte mich daran, dass ich trotz allem noch Eva war, die allein zurechtkam, und die nicht allein war, die ihre Familie hatte, ihren Vater und ihre Mutter, ihre Schwester, ihren Sohn. Die Familie ist das Allerheiligste, hatte mein Vater immer zu mir gesagt.

Mein Vater schwieg auch die folgenden paar Tage, sogar Mario fiel das auf. Mit seinen kleinen Händen zog er ihm die

Wangen auseinander, »lach doch mal, Opa«, rief er, und mein Vater lächelte ein schweres und langsames Lächeln wie aus Plastilin.

»Hast du Geld?«, fragte mich meine Mutter eines Abends. »Ich habe etwas angespart, wenn du von hier wegwillst, wenn wir dir lästig sind. Wir können nirgendwohin, aber wenn wir könnten, du weißt, wir würden dir das Haus und alles andere überlassen.« Mein Herz schlug wie in einer fremden Brust. »Dein Vater und ich haben geredet«, sagte sie, »wir haben genug Geld für zumindest ein Jahr Miete. Wenn du willst, gehört es dir, fang gleich morgen an, dir eine Wohnung zu suchen. Für alles Weitere werden wir uns was einfallen lassen.« Ich schwor mir innerlich, dass ich zum letzten Mal vor meiner Mutter weinte. Ich umarmte sie und sagte: Ich brauche nichts, danke euch von Herzen. Ich habe Geld, sagte ich, ich habe alles, ich habe schon einen Plan für mich. Sie sah mich ungläubig an und sagte: »Evka, dein Vater glaubt, dass er kein guter Mensch ist. Du weißt, dass er das sonst nie sagt.« Mama, sagte ich zu ihr, macht euch bitte keine Sorgen, ich weiß Bescheid. Sag Papa, er soll sich keine Sorgen machen, ich werde ihn nicht enttäuschen, ich habe ihn nie enttäuscht, also werde ich es auch jetzt nicht tun. Ich ging hinauf in mein Zimmer und weinte, wie mir schien, stundenlang.

Ich hatte gedacht, ich würde nicht nachgeben, mein Entschluss stand fest. Ich weiß nicht, warum ich dann doch nachgab, irgendein Bauchgefühl brachte mich dazu. In einer Nachricht fragte Viktor mich, ob wir uns auf dem neuen Friedhof in Železnik treffen könnten. Für den Zustand, in dem ich mich befand, war das ein ganz angemessener Ort für ein Treffen, dachte ich. Noch nie hatte ich mich mit jemandem auf einem

Friedhof getroffen. Als ich ihn am Eingang sah, kribbelten meine Beine, und die Kopfschmerzen, die mich tagelang gequält hatten, waren auf einmal wie weggeblasen. Ich konnte mich selbst nicht verstehen. »Eva«, sagte er und ging auf mich zu, »ich treffe dich hier als meine beste Freundin. Ich erwarte nichts von dir, ich habe nur niemanden, der mir nähersteht. Heute brauche ich dich, bitte verzeih mir. Wenn du nicht mit mir mitgehen möchtest, dann verstehe ich das.« In Ordnung, sagte ich und ging weiter schweigend neben ihm her. Immer noch war ich wütend und verletzt, ich wollte, dass er das spürte.

Auf dem Grabstein stand *Calla* und ein ganz anderer Nachname als seiner. Darunter stand in Anführungszeichen *Mama! Ach, Ihr Sohn, Mutter, ist wundervoll krank!* »Heute ist ihr Todestag«, sagte er und senkte den Kopf. Ich war mir nicht ganz sicher, vor wessen Grabstein wir eigentlich standen. »Das ist der Nachname ihres zweiten Ehemanns, Andrejs Vater. Ich hab lange darüber nachgedacht, ob ich meinen Nachnamen hinschreiben lassen soll, aber am Ende habe ich doch ihren gelassen ...« Ich hatte nicht einmal gewusst, dass seine Mutter zwei Ehemänner gehabt hatte, er hatte mir das nie erzählt. »Eva«, er wandte sich zu mir um, »du kannst dir gar nicht vorstellen, was für ein Gefühl das ist, wenn deine Mutter stirbt.« Da musste ich an meine arme kleine Mutter denken, wie an den Stuhl, über den wir gesprochen hatten – das Erste, woran ich dachte, wenn ich an Mutter dachte, war ihre Gestalt in der Küche, mit dem Rücken zu mir, wie sie Geschirr abtrocknete, meine Mutter trocknete ihr ganzes Leben lang Geschirr ab, sie würde beim Geschirrabtrocknen sterben, dachte ich. Die Tränen rannen mir nur so das Gesicht hinunter, während Viktor wahrscheinlich dachte, ich weinte wegen seiner Mutter. »Den Vers habe ich erst später hinzugefügt«, sagte er, »lange wusste ich nicht, was ich schreiben sollte, was angemessen war, und dann kam es einfach aus mir heraus, eines Morgens, ich erinnere mich gut«, sagte er, »ich erwachte leichter, um ein ganzes Leben leichter, und dichtete diesen Vers.« Um ein ganzes Leben leichter, wiederholte ich innerlich, diese Worte klangen wie ein Schwur. »Der Verlust meiner Mutter war der größte Schmerz, den ich je verspürt habe, aber zugleich verspürte ich auch eine Art Erleichterung«, sagte er. Was für eine Erleichterung, fragte ich. »Der Mensch kann nicht in Angst leben«, sagte er, »in Angst vor dem Verlust. Sie war alles gewesen, was ich hatte, mein ganzes Leben lang hatte ich Angst davor, sie zu verlieren, und ich dachte, ich könne nicht ohne sie leben. Erst jetzt«, sagte er, »jetzt, wo sie nicht mehr da ist, wo ich an ihrem Grab stehe, wird mir klar, dass ich hätte leben sollen, leben und keine Angst haben. Jetzt fürchte ich mich vor nichts mehr. Ich bin mir sicher, dass ich mich im Leben niemals mehr vor etwas fürchten werde.« Aus seinen Worten donnerte eine Kraft, vor der die Erde erzitterte. Auch meine Mutter wird sterben, dachte ich, jede Liebe stinkt schon nach Verwesung. »Weine nicht«, sagte er und umarmte mich, »wenigstens haben wir einander.«

Nach einiger Zeit setzten wir uns in ein Café, durch den Tisch zwischen uns ganz weit voneinander entfernt. Ich erinnere mich nicht daran, wie der Tisch aussah, aber ich weiß noch, dass ich es angenehm fand, dass er uns entzweite, dass er eine Grenze zwischen mir und ihm zog. Mir geht es nicht gut, sagte ich zu ihm, nichts ist gut. Er schwieg und rauchte eine Zigarette mit zu weit ausgestreckten Fingern. Er habe mich und meine Eltern gekränkt, die ihn wie einen Sohn angenommen hatten, sagte ich. Immer noch schwieg er nur und sah durchs Fenster hinaus.

»Meine Mutter«, sagte er, »machte immer einen Unterschied zwischen mir und ihm. Immer. Diese Ungerechtigkeit schmerzt mich so sehr, dass ich sie auch dort sehe, wo sie gar nicht ist.« Ich wollte nicht schon wieder auf eine seiner Geschichten hereinfallen. »Ich wollte dich nur beschützen«, sagte er. Du hast keinen Grund, mich vor meiner Familie zu beschützen, meine Familie liebt mich, sagte ich zitternd wie ein Aal, mein Vater und meine Mutter lieben mich, das weiß ich, und das, was du gesagt hast, erklärte ich ihm endlich deutlich, ist nicht in Ordnung. Das ist nicht in Ordnung, Viktor, schrie ich. Du hast sie verletzt, sie und mich, und mischst dich wo ein, wo du nicht hingehörst. Er schwieg und legte alle Fingerspitzen der linken Hand an seine Nasenwurzel, zwischen die Augenbrauen. Er schloss die Augen. Als er sie wieder öffnete, sah ich darin die aufrichtigste Trauer, so eine, wie ich sie nur manchmal in Marios Augen gesehen hatte.

»Eva«, sagte er zu mir, »entschuldige, ich muss gehen. Ich gehöre offensichtlich nirgendwohin, das hast du schön gesagt, davor hatte ich mich auch am meisten gefürchtet.« Wenn man mit vollen Lungen langsam ausatmet, dauert es mehr als fünf Sekunden, bis man die ganze Luft ausgeatmet hat, außer jemand schlägt sie in einer Sekunde mit der Faust aus dir heraus. In derselben Sekunde nach seinem Schlag brach auch meine Haltung ein. »Du bist so wundervoll«, sagte er, »du und deine Familie, ihr seid so wundervoll, das habe ich nicht verdient. Ich kann nicht anders«, sagte er, »und ich möchte niemanden jemals mehr verletzen. Besonders dich nicht. Wenn ich dich liebe, dann muss ich gehen, um dich zu schützen, das weiß ich. Ich muss all meinen Mut zusammennehmen und gehen.« Er legte Geld auf den Tisch, stand auf und ging.

Bitte geh nicht!, rief ich ihm nach.

———

Meiner Mutter erzählte ich, dass ich eine Wohnung renovierte, irgendeine – nicht wichtig, du wirst schon sehen, sagte ich zu ihr. Am Wochenende schlief ich in Železnik und an den meisten Arbeitstagen bei ihm. Die Wohnung, in der Viktor wohnte, war schmutziger als alles, was ich je zuvor im Leben gesehen hatte, das wurde mir erst jetzt klar, als ich auch tagsüber zu ihm kam und dort mehr Zeit verbrachte, als wir benötigten, um Sex zu haben und eine Zigarette zu rauchen. Anstelle von Möbeln gab es in der Wohnung nur Müll, Bierdosen und Zigarettenstummel. Wochenlang nicht gespültes Geschirr und Gläser stanken nach Schimmel. Das gesamte erste Wochenende schrubbte ich nur das Bad. Die Badewanne war gelb, und der Zwischenraum zwischen jeder Keramikfliese schwarz, verkrustet, wie beim Metzger. Ich schrubbte jede Fuge mit einer Zahnbürste, Zentimeter für Zentimeter. Wenn ich erschöpft war oder mir von den chemischen Dämpfen der Putzmittel schwindelig wurde, brauchte ich nur den Teil der Fuge anzuschauen, den ich geputzt hatte und der nun weiß glänzte, und ich bekam wieder Schwung, um weiterzuschrubben. Am liebsten mochte ich es, wenn man die Früchte meiner Arbeit direkt sehen konnte. Wenn ich weiß, warum ich etwas tue, fällt es mir nicht schwer zu arbeiten. Innerhalb von zwei Tagen glänzte das Bad, ich war mächtig stolz auf meine Mühe. »Du hast magische Hände«, sagte er zu mir. Er machte uns Essen, gebackenes Fischfilet mit Kartoffelpüree. Ich liebte Kartoffelpüree. Wir saßen an dem niedrigen Couchtisch auf dem Boden, das Püree aßen wir mit einer Gabel, die wir uns teilten, es gab nämlich keine zweite, und den Fisch aßen wir mit den Händen. Als ich den Bissen an meine Nase hielt, stanken meine Hände nach Bleichmittel. Ich war unfassbar glücklich.

Meiner Mutter teilte ich erst im Sommer mit, dass wir wieder zusammen waren, als ich sie darüber informierte, dass wir ans Meer fahren würden. Mario, Viktor und ich. Sie schwieg. Ich packte meine Koffer und sagte, wir sehen uns in einer Woche. Mario freute sich, er liebte das Meer. Mein Vater winkte nur über das Tor. Als wir bei Viktors Wohnung ankamen, sagte er, wir sollten parken und hinaufgehen. Auf dem Tisch warteten ein Glas Champagner und eine Plastiktiara auf mich, und auf Mario ein großer Schwimmreifen in Form eines Vogels. Viktor setzte mir die Tiara auf den Kopf und sagte: »Entspann dich, rauch noch eine Zigarette, und dann fahren wir.« Ich kann nichts trinken, sagte ich, ich muss doch fahren, die Strecke ist lang. »Liebling«, sagte er zu mir, »du hast vergessen, dass du nicht mehr allein bist. Ich fahre.« Ich bin nicht mehr allein, hallte es in meinem Kopf wider, gleich springt mein Herz aus mir heraus wie ein Korken, dachte ich, während ich ihm zusah, wie er den Champagner öffnete. Die folgenden sieben Tage waren die schönsten sieben Tage in meinem Leben, das werde ich nie bestreiten können. Ich erinnere mich daran, als er uns am ersten Tag am Meer, an diesen Augenblick erinnere ich mich wirklich ganz genau, als er uns nämlich hochhob, Mario auf den einen Arm und mich auf den anderen, und Anlauf auf das Meer nahm. Mein ganzes Leben passte in dieses eine Anlaufnehmen.

———

Sein bester Kumpel wurde Vater. Es war das erste Mal, dass ich mit ihm zu seinen Freunden mitkam, die ich bis dahin nur aus Geschichten kannte. Wir legten eine Menge Geld in ein Kuvert, für meine Begriffe wirklich eine Menge Geld, »mein Kumpel kommt kaum über die Runden«, sagte er, »ich weiß, dass er für mich dasselbe tun würde«. Er hatte wirklich ein großes Herz, sogar dann, wenn ihm dafür eigentlich die Voraussetzungen fehlten. Das liebte ich an ihm, so großzügig war ich nie. Von ihm lernte ich, ein besserer Mensch zu sein.

Auf der Feier wurden wir beinahe auf dem roten Teppich empfangen. Alle seine Freunde standen auf und umarmten ihn, sie klopften ihm auf seine breiten Schultern, er war der Beliebteste im Freundeskreis. Wie es unter Freunden zu so einem Anlass üblich war, riss er ein Stück vom Hemd des frischgebackenen Vaters ab und band es mir um den Arm – »hier«, sagte er, »als Setzling«. Dann riefen alle einstimmig, als Setzling, als Setzling. Meine Wangen röteten sich, obwohl ich gedacht hatte, ich würde nie mehr den Wunsch nach einem Kind verspüren. Und doch spürte ich in meinem Bauch so viel Liebe, die ich, wie ich dachte, aufblühen lassen sollte. Mein Bauchgefühl hatte mich noch nie getäuscht. Sein Freund, der, der Vater geworden war, arbeitete in einem Schnellrestaurant, er machte Pljeskavica, also bestand das Buffet aus ein paar Kilo Pljeskavica, Ćevapčići und verschiedenen anderen Fleischgerichten. Ich füllte den Platz für unser zukünftiges

Kind mit Ćevapčići auf, ich aß so viel, dass sich mein Bauch aufblähte, als wäre ich tatsächlich schwanger. Ich trank auch viel Bier, den ganzen Abend trank ich, so viel, dass mir sogar die Musik irgendwann gefiel. Viktor riss Witze, und sein Publikum fiel von den Sitzen, alle lagen sie auf dem Boden vor Lachen, dann sagten sie, »großartig war dieser Artikel von dir«, »wunderbar dieses eine Interview«, alle wussten, dass er etwas Wichtiges machte, alle blickten zu ihm auf. Gegen Ende des Abends, als wir am Aufbrechen waren und Viktor noch auf die Toilette ging, kam sein bester Freund auf mich zu. Er glühte richtig, war rötlich braun im Gesicht wie die Ćevapčići, umarmte mich von hinten, mich und den Stuhl, auf dem ich saß, und sagte, es freue ihn sehr, ja außerordentlich, dass Viktor endlich die richtige Frau, eine hübsche und kluge Frau gefunden habe, die genau zu ihm passe, so sagte er das. Noch nie hätte Viktor die richtige Frau an seiner Seite gehabt, jemanden, der ihm folgen konnte, genau so sagte er das, und mein Blick folgte dem Rauch seiner hundertsten Zigarette, der gemeinsam mit meinem Stolz zur Decke hinaufstieg.

Als wir nach Hause kamen, war es weit nach Mitternacht, mit unserem Gelächter weckten wir die Nachbarn im ganzen Gebäude auf, absichtlich, damit sie hörten, wie schön es war, glücklich zu sein. Wir legten uns ins Bett, und ich sagte zu ihm, so genau weiß ich es jetzt nicht mehr, aber jedenfalls sagte ich zu ihm, ich wäre stolz, es wäre wunderschön gewesen, ihn unter seinen Freunden zu sehen, die ihn so sehr liebten und schätzten. Ich erzählte ihm, dass dieser eine Freund auf mich zugekommen sei, als er auf dem Klo war, und mir gesagt habe, wie hübsch und klug ich sei, »für unseren Viktor«, so habe er es gesagt, und das habe mich wirklich gefreut.

»Was hat er gesagt?!«, er sprang abrupt aus dem Bett, ging hoch wie eine Tretmine. Ich schwieg, war geblendet von der Explosion, im Kopf hörte ich wieder dieses Geräusch, immer nur dieses eine Geräusch, ich stellte mir vor, dass man so ein Geräusch unter solchen Hochspannungstransformatoren, Stromanlagen, Signalverstärkern hörte, obwohl ich nie unter einem Signalverstärker gestanden hatte, aber das war bestimmt dieses Geräusch. »Was hat er gesagt, habe ich dich gefragt!«, ließ er nicht locker, und ich hatte mir mit all dem Bier Mut angetrunken und begann zu schreien. Wo ist jetzt schon wieder das Problem, Viktor, habe ich denn schon wieder was Falsches gesagt?! Immer bestand das Problem darin, dass natürlich ich etwas Falsches gesagt hatte, du hast das schlecht formuliert, sagte er dann zu mir. Habe ich schon wieder was schlecht formuliert?!, schrie ich. »Er hat dir gesagt, dass du zu hübsch und klug für mich bist, ja? Das hat er gesagt? Ich kapier's nicht ganz, willst du meinen besten Freund und mich gegeneinander aufhetzen, oder bist du einfach nur dumm und hast Komplexe, und darum willst du auch mir Komplexe machen? Da hast du dich aber geschnitten.« Das hab ich nicht gesagt, schrie ich, das hab ich nicht gesagt. Wie kannst du nur so etwas behaupten, schrie ich aus voller Kehle, das hat er nicht gesagt, er hat gesagt, dass ich genau zu dir passe, er war glücklich und stolz und hat es nur gut gemeint. Was ist daran nicht in Ordnung, was ist mit dir nicht in Ordnung, was redest du überhaupt, ich brüllte aus vollem Hals wie ein geschlachtetes Schwein. »Gut«, sagte er und dämpfte den Ton, »dann werden wir ihn jetzt anrufen und fragen, was genau er gesagt hat, Wort für Wort«, und nahm das Handy in die Hand. Ich nahm ihm das Telefon weg und brüllte wieder, ich bin mir nicht ganz sicher, was, ich hörte nur noch, wie er »du hast sie doch nicht mehr alle« sagte, seine Jacke anzog und die Tür zuschlug. Bis ungefähr sieben Uhr früh, als mir zum ersten Mal die Augen zufielen, übergab ich mich genau elf Mal, ich habe mitgezählt – mir ist bewusst, dass das nach viel klingt, aber es waren genau elf Mal, an diese Zahl erinnere ich mich, an jede ihrer scharfen Kanten. Kurz nach sieben, gerade als ich eingeschlafen war, wobei ich nicht mal wirklich eingeschlafen bin, eher ohnmächtig geworden vor Müdigkeit, meine Augen sind mir zugefallen vor lauter Übelsein, da hörte ich das Klingeln an der Tür. Er kam lächelnd herein, eine Zeitung unter dem Arm, umarmte mich und sagte: »Sag bloß, du bist tatsächlich eingeschlafen? Ich konnte die ganze Nacht nicht schlafen. Ich mag es nicht, wenn wir uns streiten.« Ich schwieg, mein Hals schmerzte zu sehr, als dass ich mich dazu bringen konnte, Wörter hindurchzupressen, er klemmte. Viktor hielt mir nur die Zeitung hin: »Hier lies, ein sehr guter Artikel von mir ist erschienen.« Ich griff nicht mal nach der Zeitung, mein Körper gehorchte mir nicht, als er mich in den Arm nahm und sagte: »Also gut, entschuldige, ich hab überreagiert. Hab ganz schön was getrunken.«

Zu Mittag rief mich meine Mutter an, sie rief glücklich ins Handy: »Vera hat ihr Studium abgeschlossen!« Das ist wundervoll, sagte ich. Nachdem ich aufgelegt hatte, weinte ich weiter. Viktor fragte nicht einmal nach, wer angerufen hatte. »Komm, Schatz, ist schon gut«, sagte er und führte mich an den Küchentisch. Er hatte Arme Ritter gebacken und darauf mit Ketchup ein Herz gemalt. Er wusste, dass ich Arme Ritter liebte. »Komm, lass uns essen und uns dann hinlegen, wir sind beide müde.« Ich schlief ein, noch bevor ich mich ins Bett gelegt hatte, vielleicht hatte er mir etwas in den Tee getan. Wir verschliefen den ganzen Tag und wachten erst um elf Uhr abends auf. Nichts machte mich depressiver als verschlafene Tage.

———

»Dieses Land verdient uns nicht, Eva!«, rief er an diesem Samstag beim Hereinkommen und schlug laut die Tür zu. Meine Gedanken waren bereits von dem unaufhörlichen Regen durchtränkt, weich und formlos wie das Kartoffelpüree, auf dem Mario herumgekaut hatte. Wie immer wollte er nicht essen, einen Bissen kaute er unendlich lange, wenn ich nur an dieses Stückchen Fleisch in seinem Mund dachte, mit Spucke und Kartoffeln verklebt und längst kalt geworden, wurde mir übel. Wie meinst du das, fragte ich Viktor. »Es verdient weder dich noch mich, noch Mario! Vor allem Mario hat es verdient, in einem besseren Land groß zu werden, und nicht in dieser Fabrik für billige Arbeitskräfte!« Ich schwieg und sah Mario stumm an – während ich nicht aufgepasst hatte, hatte er das ganze Schnitzel aufgegessen. Ich sagte zu ihm, er solle in sein Zimmer spielen gehen, das hatte er sich verdient, jetzt, wo er endlich das ganze Mittagessen aufgegessen hatte. Viktors Worte trafen mich auf ungewöhnliche Weise, als ich Marios kleinen, schwachen Rücken anschaute. Ich wollte nicht, dass sein Rücken irgendetwas mit billiger Arbeitskraft zu tun hatte. Viktor war gekündigt worden. Seine Kolumne war aus der Zeitung geflogen. »Nur, weil ich die Wahrheit gesagt habe«, meinte er. »Ein Verrückter sagt immer die Wahrheit, merk dir das, Eva.«

Den Tag, an dem Viktor seinen Job verlor, hatte ich mir weit schlimmer vorgestellt. Ich hatte gedacht, er würde es viel schwerer nehmen, er hing ja sehr an seiner Arbeit, sie bedeutete ihm viel. Mir bedeutete meine Arbeit nie so viel. Mich interessierte meine Arbeit eigentlich gar nicht, sie war mir egal. Außerdem wusste ich eigentlich nicht einmal genau, was ich da überhaupt machte. Ich ging hin, widerwillig, nur um ein Gehalt zu bekommen. Im Blick meines Chefs sah ich Erleichterung, als ich ihm sagte, dass ich kündigen würde, ich sah, dass er dachte – gut so, wenigstens hat sie selbst begriffen, dass sie gehen sollte.

Viktor sagte, Andrej käme dort sehr gut zurecht. Er hatte seine langjährige Freundin geheiratet, und sie waren zusammen ausgewandert, so war es leichter gewesen wegen der Papiere, meinte er. Sie verdienten schon ganz anständig und mieteten eigenständig eine Wohnung. »Das ist Deutschland!«, sagte er. In die Suchleiste tippte ich die Frage ein, ob Deutschland am Meer liegt, ich konnte mich nicht erinnern. Wie sich herausstellte, tut es das. Und nicht nur das, wie sich herausstellte, entspringt meine Donau in Deutschland. Als ich das sah, lösten sich alle Zweifel in Luft auf. Ich wusste, dass es das Land war, in dem wir leben sollten. »Ich werde als Erster gehen«, sagte er, »um einen Job und eine Wohnung zu finden. Andrej sagt, dass es in der Baufirma, in der er arbeitet, immer Platz für Leute gibt, die anpacken können.« Ich hielt seine Hände, seine großen weißen Hände, weich wie ein Strand mit feinstem Sand, und vergrub darin meine Stirn. Du hast es nicht verdient, irgendwo da oben in Deutschland am Bau zu schuften, sagte ich, wir werden auch hier zurechtkommen, wir werden eine andere Arbeit finden, ich werde eine bessere Arbeit finden. »Nein, Eva«, sagte er und entriss mir seine

Hände, »ich mache das für uns. Schließlich scheue ich mich nicht vor körperlicher Arbeit! Weißt du, dass die Kommunisten Leute ohne Schwielen an den Händen erschossen haben?« Ich konnte mir keine Schwielen an seinen Händen vorstellen. Als ich in die Suchleiste »Bauarbeiter gestorben« eintippte, erschienen unzählige Ergebnisse über hunderte alltägliche Tode von Arbeitern auf Baustellen. Sie hatten nicht einmal Namen, es hieß nur »Bauarbeiter verunglückt«. Ich hoffte, dass mein Viktor keiner dieser Namenlosen in der Tageschronik würde. Eva, du übertreibst, redete ich mir ein und bekreuzigte mich heimlich. Viktor sagte ständig, dass nur Hilflose an Gott glaubten. Ich ging das Geschirr spülen, um auf andere Gedanken zu kommen, und als ich Marios Teller vom Tisch hob, entdeckte ich darunter den Rest des Schnitzels, das er nicht aufgegessen hatte. Ich konnte ihm nicht böse sein, er war ja clever.

An diesem Abend tranken wir Wein, Viktor sagte, wir sollten uns nicht beklagen, sondern lieber feiern. Mario saß auf Viktors Schoß und spielte auf dem Tablet, das Viktor ihm gekauft hatte. Wir sahen tatsächlich aus wie eine glückliche Familie.

Viktor reiste an einem Freitag ab. Ich weiß genau, dass es ein Freitag war, denn ich arbeitete bis zum Ende der Kündigungsfrist immer noch in der Firma. Freitags zahlte ich wie immer das Bargeld bei der Bank ein, ich wartete in der Schlange an dem einzigen Schalter, der geöffnet war, ich wartete, wie mir schien, stundenlang. In Deutschland stehe man nirgendwo Schlange, hatte ich gelesen. Alles sei ordentlich, alle arbeiteten, alle Schalter seien geöffnet. Alles sei einfach. Die Zahl über dem Schalter wuchs an, hundertzweiundzwanzig stand da, und ich dachte nur daran, wie viele Kilometer Viktor von mir entfernt war. Sicher mehr als hundertzweiundzwanzig.

Meine Mutter fragte mich: »Bist du dir sicher, Evka?« In ihrer Stimme spürte ich dasselbe, was ich in meinem Bauch spürte, wenn ich nächtelang nicht schlief. Ich bin mir sicher, sagte ich, schlimmer als hier kann es nicht sein. In ihrem Blick sah ich, dass diese Worte zu hart gewesen waren, ich hatte sie wie Dartpfeile in ihre Pupillen geworfen. Die Donau entspringt in Deutschland, sagte ich mir immer wieder innerlich vor, anstelle eines Schlaflieds.

---

*Not for everybody* stand auf dem Fläschchen. Ich hab noch nie im Leben ein kleineres Fläschchen Parfüm gesehen, rutschte es mir heraus. »Eva«, sagte er, »weißt du, wie teuer dieses Parfüm ist?« Ich habe das nicht so gemeint, sagte ich, immer sagte ich etwas, was ich gar nicht so meinte, oder zumindest verstand er immer falsch, was ich sagen wollte. Das Fläschchen ist einfach klein, nichts weiter, dachte ich mir, als ich es wie eine Murmel über meine Handfläche rollen ließ, so klein war das Fläschchen, aber das Parfüm ist wirklich schön, es ist wundervoll, sagte ich. »Das ist eins der teuersten Parfüms in Deutschland. Es war im Angebot, also hab ich es dir vom letzten Geld gekauft.« Wie dumm ich doch war, natürlich musste das Fläschchen klein sein, wenn das Parfüm so teuer war. Es war nicht für jeden, steht ja drauf. Den ganzen Tag lang lief ich ihm nach und fiel ihm um den Hals, sein Rücken war wirklich gröber geworden, das spürte ich unter den Händen, der Rücken, mit dem er irgendwo da oben unser Heim baute, für

Mario und mich. Er sagte, es gehe gut voran, er habe schon eine Menge Geld zur Seite gelegt, vorerst wohne er noch bei Andrej und seiner Frau, aber bald würde er genug Geld für unsere Wohnung haben. »Unsere« Wohnung, sagte er, und diese Worte hallten in meinem Kopf nach. Mario bekam wieder neues Spielzeug, er sagte »danke«, genauer gesagt, »danke« und eine kleine Pause nach dem »danke«, ich hörte diesen leeren Raum. Ich dachte, es sei zu früh, um ihn dazu zu bringen, »Papa« zu sagen, ich dachte mir, er würde vielleicht von selbst anfangen, das zu tun, wenn er das wollte. »Keine Ursache, mein Sohn«, sagte Viktor. Mario machte den Mund auf, um etwas zu sagen, aber »Papa« kam immer noch nicht heraus, der Mund blieb nur ein Kreis wie ein Teekringel, in dessen Loch das Wort Papa verschwunden war.

Er sagte, er würde noch einmal für einen Monat wegfahren, anschließend solle zunächst ich nachkommen, damit wir alles organisieren, und Mario würden wir später nachholen. »So ist es am besten«, sagte er. Es tat mir leid, Mario wieder zurückzulassen, aber die Wahrheit war, dass sich sowohl er als auch ich an dieses Zurücklassen schon gewöhnt hatten. Außerdem, dachte ich, würde er Oma und Opa ohnehin lange nicht sehen, es wäre nicht schlecht, wenn sie noch zusammen Zeit verbringen, bevor wir definitiv weggingen. Mein Ticket nach Stuttgart kaufte ich zwanzig Tage im Vorhinein. Nächtelang konnte ich vor Aufregung nicht schlafen, und morgens, wenn ich mich wusch, schaute ich in den Spiegel und wiederholte den Namen der Stadt – Stugart. Studgart. Stuttgart. Er war sperrig und schwer auszusprechen.

———

Viktor hatte gesagt, er würde am Busbahnhof auf mich warten, aber genau an diesem Tag ging sein Auto kaputt. Ich no-
tierte mir die Bezeichnungen der Stationen und die Nummern
der Straßenbahnen, mit denen ich an mein neues Zuhause ge-
langen sollte. Die Straßenbahnen in Deutschland ähnelten jenen in Belgrad kein bisschen. Die Fahrer hatten eine ordentliche Uniform, und ihre Kabinen waren sauber. Ich suchte nach
wenigstens einem Detail, mit dem sich der Straßenbahnfahrer seine Kabine geschmückt hatte. Es gab keines. Die Leute in
der Straßenbahn schwiegen, niemand machte auch nur das
geringste Geräusch. Am freundlichsten von allem sah noch
mein eigener Koffer aus. Ich starrte die meiste Zeit meinen
Koffer und die Karte an und ließ den Blick gesenkt. Aus dem
Lautsprecher drangen die Namen der Stationen, die ich auf
der Karte verfolgte, ich erkannte sie kaum, denn Deutsch war
wirklich kompliziert auszusprechen, dachte ich. Ich würde
nie Deutsch lernen. Ich würde hier nie zurechtkommen. Mario
fehlte mir. Železnik fehlte mir. Die nächste Station war meine.

Viktor tat sich schwer mit Fremdsprachen, er konnte auch
nicht gut Englisch. Er sagte, man könne die eigene Sprache
nie gut genug beherrschen, darum sollte man seine Zeit nicht
damit verplempern, andere zu lernen. Als ich an der Tür im
ersten Stock klingelte, wie er es mir erklärt hatte, tauchte im
Hof ein dicker glatzköpfiger Mann auf und murmelte etwas
auf Deutsch. Viktor öffnete die Tür, er war angespannt. Der
Glatzkopf rief in schlechtem Englisch von unten herauf, es
dürften keine Gäste übernachten, er habe ihm bereits erklärt,
dass er nur für eine Person bezahlt habe, und er würde das
nicht länger tolerieren. *Das ist kein Puff!*, rief er. Viktor nickte
dem Glatzkopf nur zu und sagte »Komm rein«. Viktor, was

will der, was hat er gesagt? »Komm rein«, wiederholte er noch angespannter. Puff, wiederholte ich ein paar Mal in meinem Kopf. *Puff*, was für ein dummes Wort, ich hatte das Gefühl, ich würde diese Sprache niemals beherrschen. »Tut mir leid, ich bin müde«, sagte er, »der Dicke nervt mich wegen der Kohle. Einmal hat Andrej bei mir übernachtet, er hat mir mit etwas geholfen, und der Dicke hat sofort am nächsten Tag noch Geld verlangt.« Wie viel kostet die Wohnung, fragte ich, soll ich etwas dazuzahlen. »Nicht nötig, es ist alles bezahlt«, sagte er, »setz dich.« Er klang erschöpft, seine Stimme war rau. Auf vier Holzpaletten lag eine Matratze, auf einer weiteren Palette eine dicke Glasplatte. Ich stellte meine Tasche und den Koffer neben mich hin, meine Knie waren auf Augenhöhe. Ich war zugleich ängstlich und aufgeregt. Er holte Bier und stellte es auf die Palette mit dem Glas, das war der Tisch. »Die Möbel hab ich allein gebaut«, sagte er, »ein Bett und einen Tisch, zumindest fürs Erste, was braucht man mehr.« Nichts, die Möbel sind toll, sagte ich. Ich betrachtete seine von der Arbeit geschwollenen Hände, in jeder seiner Venen pulsierte das Leben, es pochte, wartete darauf zu explodieren. Wir beide werden auch das hier überleben, dachte ich. Alles werden wir überleben. Es wird uns gelingen, wir werden uns ein neues Leben aufbauen. Am wichtigsten ist, dass wir zusammen sind, wiederholte ich innerlich. Das ist das einzig Wichtige.

Als er aufs Klo ging, machte ich Fotos von der Wohnung, von der Ecke mit dem Bett und dem Tisch, stellte sie ins Internet und schrieb »Endlich zu Hause«. Nach ein paar Minuten hörte ich das Donnergrollen der Klospülung, die Tür ging abrupt auf, es war laut, wie schon früher nahm ich im Kopf dieses Geräusch wahr, eine Art Summen, ein Signalverstärker unter Hochspannung, mein Bauch verkrampfte sich, ich wusste nicht, was passierte, ich spürte es, wie ein Hund im Vorhinein ein Erdbeben spürt. Er kam mit dem Handy in der Hand aus dem Klo, und das Erdbeben ging los: »Was hast du da für ein Foto reingestellt?!« So eine Stimmfarbe hatte ich nie zuvor bei ihm gehört, sauer, hündisch. »Was ist das für ein Foto?!«, er hielt das Handy so nah an mein Gesicht, dass es mich blendete. »Machst du dich etwa über mich lustig?«, schrie er. Ich hielt die Augen geschlossen, ich erinnere mich nur an das Licht des Handys, das ich selbst durch die geschlossenen Augenlider sah, ich erinnere mich an das Summen und den Gestank aus seinem Mund, Zigaretten und Bier, das nahm ich wahr, und ich hielt die Augen fest geschlossen. Viktor, geh weg, sagte ich. »Nimm du dieses Foto weg, auf der Stelle. Die Leute müssen nicht sehen, dass ich hier wie eine Ratte lebe!«, rief er. »Und wenn es dir hier nicht gefällt, dann geh doch einfach zurück zu Mami und Papi.« Viktor, geh weg, du bist unmöglich, sagte ich. Ich lösche das verdammte Foto, sagte ich, ich hab es nur gut gemeint und mich nicht über dich lustig gemacht. »Was bist du schlecht erzogen, pfui«, sagte er, »ich werde nicht weggehen, du wirst mich loswerden müssen. Na los doch«, schrie er, »na los«, unzählige Male sagte er das, viel zu nah an meinem Gesicht, unsere Nasen berührten sich. Seine Nase war fettig, rutschig. »Na los, Dummchen«, sagte er dann leise in mein Ohr. Ich stieß ihn mit aller Kraft von mir, doch sein Körper prallte ab und kam zurück wie ein Bumerang. Seine Hand war schwer, schwerer, als ich es mir hatte vorstellen können. Es heißt, wenn einen eine Kugel trifft, spürt man zunächst gar nichts, keinen Schmerz. Nur Wärme. Meine Wange war sehr warm.

Ich weinte nicht, lange schon hatte ich aufgehört zu weinen. Viktor weinte. Ich saß auf der Toilette und betrachtete stumm, wie sich die Farbe der Haut unter meinem Auge veränderte, genau wie der Hals einer Taube in der Sonne glänzte. Bläulich und grün. Wie ein Fleck Motoröl auf dem Asphalt. Bläulich und grün. Ich sah mir in die Augen und sagte fest, unerschütterlich: Eva, morgen wirst du gehen und nie wieder zurückkehren. Ich gab mir mein Wort. Viktor weinte immer noch, ich hörte ihn, aber ich beschloss, auf der Toilette zu bleiben. Ich sah die grau gewordenen Fugen zwischen den Fliesen an. Einmal Schrubben würde ihnen nicht schaden, dachte ich.

———

Die erste Abfahrt nach Belgrad war um acht Uhr abends. Als Viktor zur Arbeit ging, zog ich mich um, schminkte mich, nahm mein Gepäck und verließ das Haus. Du hast schlecht geträumt, Eva, redete ich mir ein. Draußen verbrannte mich die Sonne, aber irgendwie von innen. Den Tag verbrachte ich auf einer Parkbank, ich erinnere mich nicht an den Park, ich erinnere mich nur daran, dass die Bank unbequem war und die Zeit langsam verging. Ich erinnere mich an eine dicke Dame, die von hinten auf mich zukam und rief: »*Sie da, Sie da!*« Sie hatte einen präzise geformten Dutt auf dem Kopf. Der Dutt sah aus wie der Türknauf, den wir am Gartentor in Železnik hatten. »*Sie da, das kostet Sie fünfhundert Euro*«, rief sie und richtete ihren dicken weißen Zeigefinger auf mich. Ihre Finger waren an der Wurzel von goldenen Ringen eingeschnitten, es wirkte ganz so, als würden sie gleich platzen. Sie da, sagte ich, wegen des Dutts hatte ich das Gefühl, dass sie so hieß, lassen

Sie mich in Ruhe, sagte ich auf Englisch zu ihr. Sie hörte nicht auf. »*Sie dürfen die Tauben nicht füttern!*«, zeigte sie mit ihren Bombenfingern auf die Tauben, die Stücke meines Sandwichs fraßen. Ich warf den Tauben auch noch den Rest hin und stand auf, ich hatte keinen Hunger. Ich musste mich zusammennehmen, um *Sie da* nicht am Dutt zu reißen, um mich nicht richtig schön mit ihr in die Haare zu kriegen. Als ich auf dem Weg zum Busbahnhof in der Straßenbahn saß, tippte ich wieder in die Suchleiste auf dem Handy. Wie sich herausstellte, war Taubenfüttern im verfluchten Deutschland verboten. Die Strafe für Taubenfüttern im Park beträgt fünfhundert Euro, stand da. Erst da fing ich an zu weinen.

Ich konzentrierte mich auf die Namen der Stationen und schaute nicht aus dem Fenster. Ich erinnere mich, dass ich die Hände nur aus dem Augenwinkel sah. Unter Schichten von Staub und Kalk sah ich seine Sehnen brennen, obwohl sie weiß waren, ich sah, dass sie glühten. Als Erstes fielen mir die Hände auf, sie hielten den Lenker des Fahrrads fest umklammert, danach fiel mir auf, dass sich das Fahrrad mit der gleichen Geschwindigkeit wie die Straßenbahn bewegte. Viktor trat mit aller Kraft in die Pedale, der Schweiß rann sein Gesicht hinunter und machte rote Schlieren durch den weißen Staub, der seine Wangen bedeckte. »Eva, ich liebe dich!«, schrie er, das hörte ich durch das Glas hindurch. Eine Ochsenherde donnerte durch meinen Körper, ich hörte mein Herz galoppieren, meine Hände begannen zu zittern, sie versuchten erfolglos, die Herde aufzuhalten. Ein fetter Ochse brüllte laut auf, die Straßenbahn blieb stehen. Dunkelheit. Totenstille. Ein Funke Hoffnung durchblitzte mich schnell wie ein Komet, wie Hoffnung eben für gewöhnlich auftritt. Ich wünschte mir,

die Straßenbahn wäre entgleist und in einen Abgrund ge-
stürzt. *Echterdingen,* klang eine gleichgültige Frauenstimme
aus dem Lautsprecher.

»Ich kaufe dir eine Fahrkarte für morgen«, sagte er, während er mein Gepäck aus der Straßenbahn trug. »Bleib nur
noch heute, damit wir reden können, so können wir nicht aus-
einandergehen.« Ich schwieg und sah der Straßenbahn beim
Weiterfahren zu, die Fahrkarte zerknüllte ich mit der schwitzenden Hand in meiner Hosentasche. Die Worte waren in meinem Hals kaputtgegangen, sie ähnelten Worten nicht einmal
mehr, sie waren verbogen, Arme und Beine waren ihnen ab-
gefallen und auf dem Boden aufgeschlagen. Ich gab die Idee
auf, auch nur irgendetwas zu sagen. Ich hörte Viktors Puls, er
schlug wie eine felsenzerschmetternde Welle. Ich spürte, wie
in meinen Bauch ein kleiner Wortkrebs einzog, der sich von
meinem Schweigen ernährte. Er saß in mir mit offenen Scheren und wartete darauf, dass alles hineinfallen würde, wozu
ich zu wenig Kraft hatte, es auszusprechen. Nur ab und zu
piekste er mich.

»Entschuldige«, sagte er. So ein pieksiges Wort, dachte ich.

———

An jedem Bahnhof ist der Kaffee schal. »Sie hat mich für
immer zugrunde gerichtet, Eva«, sagte er. Die Zigaretten
schmeckten mir nicht, aber ich rauchte trotzdem, ich tränk-
te meine bittere und trockene Zunge in Umschläge aus Rauch.
Er stank nach Schweiß, ich nach Nikotin und Schlafmangel.
Viktor, sagte ich endlich über den Tisch hinweg, es ist aus. Ich
bin nur geblieben, weil ich ein guter Mensch bin. »Du bist kein

guter Mensch, Eva«, sagte er, »du bist der beste Mensch auf Erden. Dich hat Gott allein erschaffen. Ich habe nie zuvor jemanden kennengelernt, der so ist wie du. Mein Fluch ist, dass ich ein Dämon bin, dass ich dich beschmutzt habe. Das werde ich mir nie verzeihen, ich hätte dich nicht gehen lassen sollen.« Die Leute machten einen Bogen um unseren Tisch, die Zigarette verbrannte mir die Lippe, sie war bis zum Filter heruntergebrannt. »Mir fällt dieser Aschenbecher ein«, sagte er, »weißt du noch, diese alten kristallenen Aschenbecher, die fünf Kilo wiegen?« Ja, sagte ich und dämpfte den verbrannten Filter aus. »Kannst du dir vorstellen, so einen Aschenbecher nach unserem Mario zu werfen? Was für eine Mutter kann so etwas tun?« Einmal habe ich an der Donau zufällig eine Grille zertreten, aber nicht ganz, sondern nur irgendwie halb. Ich hatte nicht die Kraft, sie ganz totzumachen, ich ließ sie leiden, so halb zerquetscht. Sie stieß einen langen und unerträglichen Laut aus, dieser Laut hat mir keine Ruhe mehr gelassen. So klang Viktor jetzt. »Calla ist an allem schuld«, sagte er und fing an zu weinen. Viktor, sagte ich und reichte ihm meine Hand über den Tisch. Er hob und senkte nur den Kopf, weinte innerlich, holte mit den Schultern Luft, mit kleinen erstickten Bewegungen. Viktor, sagte ich noch einmal, schon gut. »Entschuldige, Eva«, sagte er, »manchmal erinnerst du mich einfach an sie. Sie taucht einfach vor meinen Augen auf. Sie war so eine starke und unabhängige Frau, genau wie du. Das ist es, was ich an dir liebe und nicht ertrage.« O Gott, dachte ich und stellte mir den schwachen weißen Rücken meines Mario vor, diesen Rücken, der niemandem jemals etwas Unrechtes getan hat, der mich und all meine Umzüge ertragen hat, meine Launen, diesen Rücken, der jetzt allein weit weg von mir schlief. Viktor, weinend und blass, sah aus wie ein Kind. Einfach nur ein im Stich gelassenes Kind, das Schutz brauchte. Was war das nur für eine Mutter, dachte ich, kein Kind verdiente so ein unglückliches Aufwachsen. Gott hat gegen jedes misshandelte Kind gesündigt. Ich mache das wieder gut, Viktor, sagte ich. Wir machen das gemeinsam wieder gut. »Immer hat sie mich nur kritisiert. Nie hat sie etwas Schönes zu mir gesagt, nichts, was ich tat, war gut genug für sie. Sie hat nur die schlimmsten Sachen gesagt, Eva, sie sagte ständig nur, ich sei dumm und hätte Elefantenohren. Ein dummer Bastard mit Elefantenohren.«

Ich setzte mich neben ihn und umarmte ihn, er weinte immer noch. »Ich hab das alles für uns gemacht, mit ganzem Herzen. Für Mario und dich. Ich werd's besser machen, gib mir nur eine Chance. Glaub an mich. Bitte, glaub an mich, Eva, das ist alles, was ich brauche, dass jemand an mich glaubt.« Ich glaub an dich, sagte ich.

Meine Mutter rief mich am nächsten Morgen per Video an, um zu sehen, wie es mir gehe und ob ich gut angekommen sei. »Eva, mein Kind, warum trägst du drinnen eine Sonnenbrille?« Mama, hier scheint die Sonne stärker, sagte ich und bemühte mich, den Kopf nicht zur Seite zu drehen, damit meine blauen Flecken nicht hervorschauten. Hinter ihrem Rücken winkte mir Mario zu.

———

»Book-a-tiger« stand in weißen Buchstaben auf dem schwarzen T-Shirt. Ich hielt fünf solche T-Shirts in meinem Schoß. Neben mir waren noch drei Frauen da, eine Vietnamesin, eine ältere Dame aus Bulgarien und eine junge, bildhübsche Russin. In der ersten Reihe saß ein kleiner dunkelhäutiger Mann in einem Poloshirt, er wippte mit seinem zierlichen Fuß. Der linke Mokassin rutschte ab und zu von seinem Fuß und brachte eine schmutzige Sohle zum Vorschein. Draußen war es zu kalt für Mokassins ohne Socken, dachte ich. Ein blonder Herr, gestylt wie in der Werbung, mit zurückgegeltem Haar und Sakko, fragte uns der Reihe nach, wie wir heißen, woher wir kommen und was unsere Motivation für die Bewerbung in ihrer Firma sei. Eva, sagte ich. Aus Serbien. Motivation – Geld verdienen. »Gut, gut, wunderbar«, sagte er, »Sie haben den Job!« Ich lächelte ihm schüchtern zu. Das ist gut, dachte ich, ich habe den Job.

»In unserer Firma«, sagte er auf Englisch mit deutschem Akzent, »ist es nicht wichtig, Deutsch zu können. Für den Anfang genügen elementare Englischkenntnisse.« Es war tatsächlich die einzige Arbeit, die ich in den Anzeigen gefunden hatte, für die keine Deutschkenntnisse nötig waren. »Am Anfang«, sagte er, »werden Sie für Klienten in ihren Privatwohnungen arbeiten. Wer mit dem Spracherwerb gut vorankommt, wird auch Büroräumlichkeiten, Zahnarztordinationen, vielleicht sogar Bildungseinrichtungen reinigen können.«

»Haben Sie keine Angst«, sagte er, »es liegt nur an Ihnen, dass Sie Leistung erbringen – und Sie werden Erfolg haben!« Ich werde Leistung erbringen, dachte ich, ich werde so viel Leistung erbringen, wie ich kann, und ich lächelte weiter und nickte, so sehr, dass ich fast einen steifen Hals bekam.

In der folgenden Stunde führte uns der Mann im Sakko verschiedene Typen von Putztüchern vor. Mikrofasertücher, Schwammtücher, Baumwolltücher, er erklärte uns den Zweck jedes Tuchs im Einzelnen. Das ist leicht, dachte ich, wenn sich jemand mit Putztüchern auskannte, dann war ich das. Dann holte er einen Mopp hervor. Wenn wir mit dem Mopp wischten, erklärte er, dürften wir ihn nicht zu sehr tränken, denn es bestehe die Gefahr, dass Parkettböden beschädigt werden. Der Mopp müsse gut ausgepresst sein, und die Reinigungslösung nicht zu stark dosiert, ebenfalls, damit der Parkettboden nicht beschädigt würde. Gibt es denn Leute, die das noch nicht wissen, dachte ich mir, aber dann erzählte er, dass sie schon Fälle gehabt hätten, wo Angestellte den Boden mit Wasser übergossen und dann erst geputzt und den Mopp ausgedrückt hätten, und bis das ganze Wasser aufgewischt war – »aus, *Ende,* ist das Parkett schon ruiniert!« Ich hatte nicht gewusst, dass es Leute gab, die Wasser über Parkettböden ausgossen. Außerdem erklärte er uns, dass man Toilette und Küche nicht mit dem gleichen Schwamm putzte, dass wir den Fokus auf unsere Putzmittel legen mussten, dass wir unsere Arbeit verantwortungsvoll machen mussten, dass das Leben und die Gesundheit unserer Kunden in unseren Händen lagen. Je länger die Präsentation dauerte, desto unsicherer fühlte ich mich. Was, wenn ich die Schwämme verwechselte? Was, wenn ich das Tuch nicht gut genug auspresste? Wenn die Parkettböden in Deutschland wirklich empfindlicher waren? Anschließend zog er aus einer Ecke des Raums eine Glasplatte hervor, machte sie nass und wischte sie ab und erklärte, wie wir Glasflächen reinigen sollten, insbesondere Fenster, »insbesondere Fenster!«, betonte er nachdrücklich, »darauf dürfen keine sichtbaren Spuren des Reinigungsvorgangs sein«. Da begann mein Bauch zu schmerzen, ich war mir nicht sicher, ob ich das alles schaffen würde.

»Und jetzt eine Frage an Sie alle!«, unterbrach er meine Gedanken mit einem überraschenden Ausruf. Heimlich zog ich dreimal an meinem Ohrläppchen. »Sie haben im Wohnzimmer drei Regale«, sagte er, »und alle drei sind staubig.« Gut, dachte ich, ich habe drei Regale, alle drei staubig. Ich stellte mir drei Regale vor. »Welches Regal wischen Sie als Erstes ab, das untere, das mittlere oder das obere?« Das untere, das mittlere oder das obere, wiederholte ich innerlich. Der Mann ohne Mokassin am linken Fuß wippte nur noch lebhafter, er antwortete nicht. Die Augen des Mannes im Sakko richteten sich auf mich, sie traten hervor, erwarteten eine Antwort – das untere, sagte ich schnell. »Gut, gut«, sagte er, »und weiter?«, fragte er die anderen Frauen. Die Russin sagte, das mittlere, die Vietnamesin sagte, das erste, ich verstand nicht ganz, welches Regal sie meinte, und die ältere Dame aus Bulgarien sagte, das obere. »Ganz genau, *Sie da*! Ganz genau!« Im selben Moment wurde mir klar, dass ich aufs Klo musste, mein Bauch rebellierte. »Wenn wir den Staub vom oberen Regal wischen, dann fällt er hinunter, nicht wahr?!« So ist es, murmelte ich vor mich hin. »Aus diesem Grund wischen wir zuerst das obere Regal, der Staub fällt auf das mittlere, dann wischen wir das mittlere Regal, der Staub fällt auf das untere, und schlussendlich wischen wir das untere Regal!« Seine Augen waren in einer Art seltsamer und unerklärlicher Ekstase geweitet. Wie dumm ich doch war, dachte ich. Danach erklärte er, wenn sich auf den Regalen Gegenstände befänden, »*Belongings!*«, sagte er, müssten wir zuerst die Besitzer fragen, ob wir die *belongings* verstellen dürften, wenn wir putzen. Wenn ja, verstellen wir die *belongings* klarerweise und stellen sie dann auf denselben Platz zurück, in der richtigen Reihenfolge. Wenn nein, »wischen wir den Staub um die *belongings* herum!« So ist es, sagten wir wie aus einem Mund, denn jeder seiner Sätze endete so, dass seine Intonation von uns eine Antwort verlangte.

Am Ende der Präsentation installierte jeder von uns auf dem Handy die »Book-a-tiger«-App, in der wir die Standorte der uns zugeteilten Wohnungen genau sehen konnten. »Tiger Eva«, stand neben dem Bild von mir, auf dem ich einen Wischmopp umarmte. Zu jeder Wohnung gab es eine Karte sowie einen Plan der öffentlichen Verkehrsmittel, mit denen man an den Standort gelangte. So lernte ich innerhalb eines Monats alle Straßen und Straßenbahnen Stuttgarts auswendig.

———

»Liebling, los, erzähl mir, wie's war!«, erwartete mich Viktor aufgeregt, wenn ich von der Arbeit nach Hause kam. Er war mit seiner Arbeit früher fertig, also kochte fast jeden Tag er, immer stand ein fertiges Essen für mich bereit. Ich setzte mich auf den Boden, weil der Tisch so niedrig war, und er trug die Teller auf. »Heute – Fischstäbchen mit Instant-Kartoffelpüree!« Ich liebte Kartoffelpüree. »Ich bin ganz Ohr!«, sagte er freudig und nahm mit seinen Kalkhänden den Deckel vom Topf. Dampf stieg auf und wärmte augenblicklich den Raum. Wir hatten es schön.

Viktor wollte einen Roman über mich schreiben, meinte er. »Einen Roman über uns, die Arbeiterklasse!« Jeden Tag erzählte ich ihm, wie es in der Arbeit war, was für Wohnungen ich putzte, bei was für Leuten ich war. Er sagte, ich hätte ein Auge fürs Detail, also erzählte ich ihm, wenn mir ein Kunde die Tür öffnete, wüsste ich anhand seines Gesichts sofort, wie die Toilette aussah, die ich vorfinden würde. Ob er eine neue

Zahnbürste hatte oder eine total zerzauste. »Woher weißt du das?!«, fragte er mit vollem Mund. Einfach so, sagte ich, ich weiß es eben. Ich kenne die Leute. Ich erzählte ihm von den Katzenleuten, so nannte ich sie, ein Ehepaar, das sieben Katzen hatte. Oder vier. Oder zehn. Ich konnte die Katzen nicht auseinanderhalten, und sie bewegten sich pausenlos durch die Wohnung, also konnte ich sie nie genau zählen. Als ich das erste Mal dort war, war ihr Fußboden so schmutzig, dass ich den ersten Tag lang nur den Boden putzte, stundenlang. »Woher der schmutzige Boden?«, fragte er mich neugierig. Ich erklärte ihm, dass, wenn beispielsweise etwas fettig ist und eintrocknet und darauf dann Staub fällt, dass dann so ein schwarzer, dichter Fleck entsteht. Total schwarz. So war deren Fußboden, schwarz. »Mannomann ...«, sagte Viktor nachdenklich, Fischstäbchen kauend.

Unsere Küche war im Keller, und die Wände waren eiförmig und rund. Wenn ich in die Dunkelheit der Küche hinunterstieg, bekam ich Bauchschmerzen, unten fühlte es sich an, als müsste ich aus dem Ei schlüpfen, ein wirklich unangenehmes Gefühl. Ich sagte zu Viktor, dass es wirklich gut wäre, die Küche hellblau zu streichen, sie ein wenig aufzuheitern, ich würde sie streichen, das mache mir nichts aus. Er war nicht einverstanden, und eines Tages nach der Arbeit strich er die Küche in einer braunen Ölfarbe. Es war noch dunkler, wie in einer feuchten Höhle. Das Wohnzimmer, hatte ich mir gedacht, könnten wir in Mintfarbe streichen, aber er mochte diese Farbe nicht. Er strich es grasgrün. Mir gefiel dieses Grün nicht. In Ordnung, es wirkt frisch, dachte ich mir. »Du magst zu kühle Farben«, sagte er manchmal zu mir, vielleicht hatte er recht. Grasgrün, in Ordnung, dachte ich mir, wir hatten ohnehin keine Pflanzen in der Wohnung. Viktor war allergisch gegen Pflanzen.

Nach zwei Monaten hatten wir es geschafft, von unserem Lohn etwas Geld zusammenzusparen, vor allem für Marios Bett und dann für einen Fernseher. Den Fernseher fanden wir über eine Anzeige in einem nahe gelegenen Dorf, wir kauften ihn einer alten Frau ab, die halb blind war, jedenfalls zu blind, um noch fernzusehen. Vorhänge kauften wir übers Internet, auf der Website sahen sie cremefarben aus, aber als sie ankamen, stellte sich heraus, dass sie eigentlich lila waren. Und eine Aufschrift hatten. An die erinnere ich mich aber nicht. Das Kinderbett konnten wir in Raten bezahlen, es kostete ein ganzes Monatsgehalt von mir, aber man teilte mir mit, dass es nach der zweiten Rate bereits geliefert werden könnte. Gerade rechtzeitig, wenn Mario kommt, dachte ich.

———

Mario rannte aufgeregt ins Schlafzimmer, um sein neues Bett zu sehen. Es war eigentlich nicht ganz ein Schlafzimmer, denn der Raum hatte keine richtige Tür. Diese Tür war dünn, zweiflügelig, und schloss mit einem Magneten, wie ein Wandschrank. »Klick«, ich öffnete die Tür, und Mario rannte hinein. Mein Vater saß am Tisch und trank einen Kaffee, er sagte, er habe es eilig. Er würde nicht übernachten. Ich hatte Angst, weil er noch einmal die lange Strecke bis nach Hause fahren würde. »Mach dir keine Sorgen um mich, Evka, mein Kind«, sagte er an der Tür zu mir. Heimlich steckte er mir ein Kuvert in die Hosentasche, und bevor ich noch dazu kam, etwas zu sagen, meinte er: »Für alle Fälle. Ein Schulfreund von mir,

Peđa, lebt mit seiner Familie in Stuttgart, wenn du irgendetwas brauchst, kannst du ihn jederzeit anrufen.« Ich holte tief Luft und umarmte meinen Vater noch fester, beinahe hätte ich zu weinen begonnen. »Evka, mein Kind, jederzeit ...« Unsere Umarmung wurde von Viktor unterbrochen – »Ich pass schon auf Ihr Lieblingstöchterchen auf, machen Sie sich keine Sorgen!«, rief er herüber. Mein Vater gab keine Antwort, er lächelte mit gesenktem Kopf, küsste mich auf die Stirn und ging. Viktor zerschnitt mit scharfem Blick meinen Rücken. Er hat ja keinen Vater, dachte ich, es war hässlich, uns vor ihm zu umarmen. Ich schloss schnell die Tür und winkte meinem Vater nicht mal zu, als er ins Auto stieg.

Viktor nahm Mario und mich auf den Schoß und sagte: »Alles wird gut, Evka.«

Ich beeilte mich jeden Tag, um Mario vom Kindergarten abzuholen, ich wusste, dass es ihm dort überhaupt nicht gefiel. Die Erzieherinnen und alle Kinder sprachen nur Deutsch. Mario schwieg den ganzen Tag, und dieses Schweigen setzte sich auch zu Hause immer öfter fort. Nachmittags gingen wir manchmal in ein Pub um die Ecke, um Dart zu spielen. Viktor und ich tranken Bier, während Mario ungeschickt Pfeile gegen die Zielscheibe warf, es war wie mit seinen Worten. Kein einziges traf, alle fielen zu Boden. Da erinnerte er mich am meisten an mich selbst. »Komm, lass uns unser Glück versuchen!«, sagte Viktor nach zwei Bier. Bis dahin war mir nicht einmal aufgefallen, dass in der Ecke des Pubs Pokerautomaten standen. Für Glücksspiele hatte ich nie etwas übriggehabt, dafür war ich zu geizig. Ist doch dumm, dafür Geld auszugeben, sagte ich. »Evka, du hast keine Ahnung vom Spielen«, sagte er, während er an der Bar Geldscheine gegen Jetons eintauschte.

Ich mochte es nicht, wenn er mich Evka nannte, so nannte mich nur mein Vater.

Jedes Mal, wenn er die Taste drückte, zwickte es in meinem Bauch. Vielleicht hatte ich wirklich keine Ahnung vom Spielen, dachte ich. Wir gaben an dem Tag unser ganzes Geld aus, und Viktor sagte, dass er an solchen Automaten noch nicht gespielt hätte, aber dass er beim nächsten Mal sicher gewinnen würde.

―――

Am Wochenende gab es beim Putzen am meisten Arbeit. Die Eigentümer verließen ihre Häuser und ließen mir die Schlüssel da. Viktor konnte nicht auf Mario aufpassen, weil er am Wochenende arbeitete. Er schrieb. Deshalb packten Mario und ich unsere Rucksäcke voll mit Jausenbroten, Knabbereien und Spielzeug und machten uns auf zur Exkursion durch Stuttgart. Während ich putzte, spielte er. Stundenlang saß er auf dem Boden, fuhr mit Spielzeugautos um sich herum, legte Bausteine, zeichnete. Er zeichnete gerne. Er war wirklich ein wundervolles Kind. Wenn ihm das Spielzeug zu langweilig wurde, unterhielt ich ihn mit Besenreiten oder Moppreiten, er liebte es auch, wenn ich ihn mit dem Staubsaugerschlauch anstupste. Die Staubsaugerluft kitzelte ihn, sodass er lauthals lachte. Sein Lachen wärmte mich, es fiel mir nicht mehr schwer, bei den Katzenleuten den Boden zu schrubben oder die angekackten Windeln bei den Leuten einzusammeln, die Babywindeln nicht in den Müll warfen, sondern einfach im Haus herumliegen ließen. Selbst meine von der vielen Chemie ausgetrockneten Hände brannten nicht, wenn er lachte. Alles wird gut, mein Süßer, sagte ich und küsste ihn auf die Stirn, und er blinzelte mit seinen großen Augen. Mario lernte schnell, auch wenn er immer seltener sprach, wusste ich, dass er alles verstand, was ich sagte. Ich brachte ihm alle deutschen Wörter bei, die ich selbst kannte, er merkte sie sich schneller als ich. *Besen,* und er zeigte auf den Besen. *Das Fenster,* er zeigte zum Fenster. *Wie heißen Sie?* – »Mario!«, rief er laut. Nach ein paar Mal wusste er, an welcher Station wir auf welche Straßenbahn warteten und wo welcher Park war. In den Pausen saßen wir im Park, aßen unsere Jause und fütterten die Vögel. Auf der Tafel am Parkeingang stand, das sah ich erst später, dass Vögel allergisch gegen Gluten sind. Es bläht sie auf, stand da. Verfluchtes Deutschland, dachte ich. Mario wollte wirklich unbedingt die Vögel füttern, ich glaube, es erinnerte ihn an seinen Opa, also gingen wir in ein Geschäft und kauften Vogelfutter ohne Gluten, damit nicht wieder irgendeine *Sie da* auf uns zukam, eine Seelsorgerin, die sich um Tauben mit Blähungen sorgte. Am Ausgang, gleich an der Kasse, sah ich dieses Fläschchen, fast hätte ich es schon vergessen. Da stand *Not for everybody,* im Angebot kostete es acht Euro. Sieben neunundneunzig, genauer gesagt. Mario fütterte die Tauben, und ich spürte ihr Picken in meinem Bauch.

―――

Obwohl wir uns die Miete halbe-halbe teilten und ich Marios Kindergarten allein bezahlte, hatte Viktor immer häufiger kein Geld. Wenn ich ihn fragte, wie das sein könne, sagte er, er kaufe Literatur, E-Books. »Ich bereite etwas Wichtiges vor, Eva. Geld ist nicht alles.« Natürlich ist Geld nicht alles, dachte ich. Nach ein paar Monaten wurde ich bei »Book-a-tiger« befördert. Ich musste nicht mehr jedes Wochenende arbeiten, und mein Stundensatz war höher, man war mit meinen Dienstleistungen zufrieden. An den Wochenenden, an denen ich arbeitete, putzte ich exklusivere Wohnungen. Ich sollte die Wohnung eines Typen putzen, der, soweit ich das verstanden hatte, Direktor einer großen Firma war. Ich sah ihn nur einmal, als er mir die Wohnungsschlüssel gab und mich bat, jeden Samstag zwischen neun und elf Uhr am Vormittag zu kommen. Diese zwei Stunden reichten völlig aus, denn in seiner Wohnung gab es nichts zu putzen. Die Wohnung war immer vollkommen sauber, von seinen Spuren fand ich lediglich ein, zwei Wasserflecken an der Küchenarmatur vor. Ich wischte die Armatur mit einem Mikrofasertuch ab, und danach setzte ich mich an den Esstisch und sah den Rest der Zeit aus dem Fenster. In seiner Wohnung war ich am traurigsten, obwohl er mir jedes Mal fünfzig Euro Trinkgeld unter der Obstschale hinterließ. *Für Eva,* stand da. An diesen Wochenenden nahm ich Mario nicht mit, Viktor hatte eingewilligt, auf ihn aufzupassen, weil ich ohne ihn mehr Wohnungen schaffte und mehr Geld verdienen konnte. »Mach dir keine Sorgen, wir verstehen uns blendend«, versicherte mir Viktor.

Als ich an diesem Tag nach Hause kam, weinte Mario im Schlafzimmer. Was ist passiert, fragte ich, was ist passiert, Schätzchen, aber Mario weinte nur, den Kopf im Kissen vergraben. »Das Tablet«, sagte er mit tränenerstickter Stimme. Komm, Marilein, sagte ich zu ihm, sei nicht wehleidig wegen so dummem Zeug. Viktor, ist das Tablet bei dir, sagte ich laut, aber er antwortete nicht. Viktor? – Ich ging durch die Wohnung und rief, aber er war nicht da. Im Badezimmer sah ich Licht, ich drückte die Klinke hinunter, aber die Tür war abgeschlossen. Ich klopfte an die Tür, aber Viktor wollte nicht aufmachen. Ich dachte, vielleicht ging es ihm nicht gut, vielleicht übergab er sich, dann klopfte ich noch lauter. Nach einigen Minuten des Klopfens schloss er die Tür auf, warf das Tablet auf den Boden und sagte: »Was klopfst du wie eine Wahnsinnige, da habt ihr das verdammte Scheißtablet!«, und machte die Tür wieder zu. Das Tablet war mit dickflüssigem Sperma verklebt, eine Pornoseite war geöffnet. Ich warf das Tablet in den Müll und ging mit Mario nach draußen.

Als wir wieder zurückkamen, gab ich Mario Papier und Stifte zum Zeichnen und ging die Küche putzen. Jedes Mal, wenn ich angespannt war und die Anspannung nicht verbreiten wollte, nicht wollte, dass wir uns streiten, ging ich putzen. Das beruhigte mich. Die Küche war im Übrigen vollkommen sauber. Selbst die Leiste zwischen Arbeitsfläche und Wand war sauber, obwohl sich da fast immer eine Menge Schmutz ansammelte. Auch der Deckel des Mülleimers war sauber. Nachdem in der Küche nichts zu schrubben war, ging ich ins Badezimmer hinauf, dort gab es immer etwas zu tun. Doch am Boden des Gefäßes, in dem die Zahnbürsten standen, war kein bisschen Schimmel, kein abgestandenes Wasser, das ich normalerweise dort fand. Der Behälter der Toilettenbürste war nur ein wenig verschmutzt, ich säuberte ihn mit einem Wisch. Auf dem Spiegel über dem Waschbecken waren nur zwei Fingerabdrücke von Mario. Auch die wischte ich weg. Nachdem ich nichts mehr fand, das ich hätte putzen können, betrachtete ich mich selbst im Spiegel. Das weiße Neonlicht brachte unzählige kleine Pickel auf meinem Gesicht zum Vorschein. Einen nach dem anderen drückte ich aus, mit der Geduld und Hingabe eines Mikrochirurgen. Es verging eine Stunde, bis ich vom Spiegel wegtrat und darin mein entstelltes, mit roten Schwellungen übersätes Gesicht erblickte. Ich sah giftig aus.

»Die Pickel stehen dir gut«, sagte Viktor zu mir, als ich endlich aus dem Bad kam. Ich wusste nicht, ob er einen Witz machte. »Nein, wirklich«, sagte er, »so siehst du ein wenig jünger aus. Sonst sieht man deine Falten schon so sehr, und jetzt sehe ich nur die Pickel. Könntest du immer so tragen.« Ich schwieg und ging das Essen zubereiten. Es nervte mich, dass mein Küchenmesser schon ganz stumpf war.

In dieser Woche kackte Mario im Kindergarten zum ersten Mal in die Hose. Die Erzieherin wusste nicht, was sie sagen sollte, und er auch nicht. »Er hat sich einfach schmutzig gemacht«, sagte sie. So ging er nach Hause, stumm, mit angeschissener Hose. Ich wollte ihn deswegen nicht schlagen. Mario, sagte ich, das ist nicht in Ordnung, da sind wir doch längst rausgewachsen. Er schwieg nur. Wir aßen zusammen zu Mittag, in Stille. Viktor hatte gekocht und räumte das Geschirr weg. Nach dem Essen schickte ich Mario ins Zimmer zum Spielen. Viktor, ich glaube, es ist Zeit, dass wir reden, sagte ich. Zwei Tage lang hatten wir das Tablet überhaupt nicht erwähnt. Er legte sich auf den Boden und blickte zur Decke. Seine Hände waren unter dem Kopf verschränkt, er sah wirklich aus wie Apollo. »Ich glaube, er hat sie meinetwegen verlassen, Eva«, sagte er und holte Luft. »Mein Vater. Calla. Ich glaube, er wollte mich nicht.« Was redest du da, Viktor, sagte ich zu ihm, wie kannst du das denn wissen. »Ich weiß es einfach. Ich spüre es. Ein Verrückter sagt immer die Wahrheit, glaub mir. Wenn er mich gewollt hätte, hätte er sich zumindest irgendwann bei mir gemeldet. Manchmal sehe ich in Mario mich selbst, das macht mich wahnsinnig. Mich selbst, wie ich mich gar nicht sehen will.« In diesem Moment wurde mir klar, dass Tomislav schon ein ganzes Jahr lang nicht angerufen hatte. Es wunderte mich, dass Mario kein einziges Mal nach ihm gefragt hatte. »Manchmal will ich dich zu sehr, Eva. Verstehst du das?«, sagte er und sah mir in die Augen. »Entweder du bist bei der Arbeit, oder Mario ist wach, du nimmst es mir doch nicht etwa übel, dass ich dich will? Was soll ich denn machen, in ein Bordell gehen?« Ich lächelte. »In der Arbeit hab ich was gehört, weißt du, wie man auf Deutsch zu einem Bordell sagt?« Ich weiß nicht, sagte ich. »*Puff*! Stell dir das vor!« Ich legte mich neben ihn auf den Boden, lächelnd. Puff, wiederholte ich in mir. Dieses Wort kam mir bekannt vor. Puff, als hätte ich dieses Wort schon mal wo gehört, sagte ich. »Natürlich hast du es gehört, wir sagen ja ständig ›puff‹ hier, ›puff‹ da. Du bildest dir was ein. Wo hättest du das auf Deutsch denn hören können?« Ich hörte jedenfalls sehr deutlich, wie Mario beim Spielen im Zimmer herumsprang. Er war wirklich ständig wach, er war kein Kind, das gern am Nachmittag schlief, Viktor und ich waren nie allein. Da fragte ich mich, wie Viktor das überhaupt aushielt, darüber hatte ich wirklich nicht nachgedacht. Wir lagen da und suchten an der Decke nach Worten, aber es gab keine, ich sah nur unsere ineinander verschlungenen nackten Körper, in einer Leidenschaft, wie wir sie früher einmal verspürt hatten. Viktor fehlte mir, obwohl er jeden Tag da war, obwohl er in diesem Moment neben mir lag, fehlte er mir. Ich dachte, es wäre alles perfekt, wenn wir uns nur früher kennengelernt hätten. Mindestens zehn Jahre früher. Viktor hatte es nicht verdient, anstelle der früheren Eva mich zu bekommen, dieses Wrack, mit einem Kind aus erster Ehe und ohne Geduld für irgendetwas. Vielleicht hatte er eine bessere

Frau verdient, eine, die ganz und gar für ihn da war, eine, mit der er jeden Tag Sex haben konnte. Ich hatte dazu wirklich keine Kraft.

Erzähl mir von deiner Mutter, sagte ich schließlich. Unzählige Male schon hatte ich das aussprechen wollen, aber ich wusste nicht, wie, und ob ich das durfte. Erzähl mir alles über sie, sagte ich.

Meine Mutter hat viel gearbeitet, erzählte er, sie hatte ein schweres Leben. Sie sei das Kind eines Soldaten gewesen, ein Einzelkind. Die Mutter liebte sie nicht, weil sie einen Sohn wollte, und der Vater, sein Großvater, war ein Schürzenjäger und nie zu Hause. Nachdem sie das Kind zur Welt gebracht hatte, sei er immer seltener nach Hause gekommen. Ihre Mutter habe sie deshalb noch mehr schikaniert. Sie wurde auf Gedeih und Verderb sich selbst überlassen, um allein zurechtzukommen. Allein eignete sie sich Bildung an, allein verdiente sie ihr Brot, alles im Leben machte sie allein. »Deshalb erinnerst du mich auch so sehr an sie«, sagte er. »Wie sehr ich sie auch manchmal hasse, ich weiß, dass sie es nicht besser wusste, ich weiß, dass sie mich geliebt hat, so gut sie eben konnte. Ich weiß, dass sie mich aus Hilflosigkeit schlug, weil sie sich selbst nicht liebte. Das hat sie mir gesagt, als sie im Sterben lag.« Ich konnte mir überhaupt nicht vorstellen, wie es sein musste, seiner Mutter beim Sterben zuzusehen. »In mir lebt ihr Unheil weiter, aber sie hat mir gesagt, dass ich darüber hinauswachsen muss. Dass ich nicht wie sie sein dürfe. Ich werde nicht wie sie sein, Eva«, sagte er. Das wirst du nicht, Schatz, ich weiß es, du bist der beste Mensch auf der Welt, sagte ich. Wie ist sie gestorben, fragte ich. Viktor schwieg lange, und am Ende sprach er nur dieses eine Wort aus. Dieses schrecklichste Wort auf der Welt, es knackte in meinem Ohr. Krebs. »Ich brauche nur jemanden, der mich liebt, Evka. Ich habe noch nicht gespürt, was das bedeutet.« Unterhalb der Achsel war sein T-Shirt durchnässt von meinen Tränen. »Ich danke dir«, sagte er.

Am Abend vor dem Schlafengehen, während Viktor arbeitete, recherchierte ich heimlich Schönheitssalons, die ästhetische Gesichtskorrekturen anboten. Wie sich herausstellte, ließen sich in Deutschland eine ganze Menge Frauen mit Botox behandeln, die Augenlider straffen oder das Gesicht mit irgendwelchen Säuren aufspritzen, Deutschland war unter den Top-Staaten in Europa nach der Zahl an Schönheits-OPs *per capita,* stand da. Da sieht man, wie die deutschen Frauen auf sich achtgeben, dachte ich, während ich mir die Zähne putzte und meine wirklich enormen Falten um die Augen und zwischen den Augenbrauen betrachtete. Ab dem nächsten Gehalt, versprach ich mir, würde ich für Botox sparen. Wenigstens das hatte ich mir verdient.

—————

Am ersten freien Wochenende machten wir zusammen einen Spaziergang. Das Schloss hatte ich lange vom Fenster aus betrachtet, und ich wollte, dass wir zusammen dorthin gingen und es uns anschauten. Mario lief vor uns her und kickte einen Ball. Ab und zu, wenn er den Ball fester geschossen hatte, lief er mit voller Kraft los, um ihn einzuholen, er lief ungeschickt, aber schnell. »Vielleicht klingt es dumm, das zu sagen«, sagte Viktor, »aber er erinnert mich manchmal an mich selbst.« Wir beide hielten uns an den Händen, die Erde, über die wir schritten, war weich wie die Wolken, und die Spitzen unserer Turnschuhe feucht vom Tau. Ich brauche nichts weiter als das hier, sagte ich zu ihm. Er pflückte eine gelbe Blume und steckte sie mir ins Haar. »Du bist meine Prinzessin«, sagte er, »und ich werde euch alles ermöglichen. Was auch immer du dir vorstellst. Wir werden im Paradiesgarten leben.« Ich stelle mir gar nichts vor, Viktor, sagte ich, ich möchte nur, dass wir glücklich leben, egal wo und egal wie. »Wie klug du bist«, sagte er. »Weißt du, dass sich die erste Bastion der Hoffnung dort befindet, wo wir uns von jeder Hoffnung lossagen?« Ich wiederholte diese Worte in mir, sie klangen magisch. »Wenn das Buch fertig ist«, sagte er, »wird sich unser Leben verändern. Verstehst du das, Eva? Ich habe ein gutes Gefühl.« Heimlich überkreuzte ich Zeigefinger und Mittelfinger der anderen Hand.

»Los, erzähl mir von der Arbeit, du hast mir schon lange nichts erzählt.« Ich erzählte ihm von der Familie, die die Windeln im Haus herumliegen lässt, und dass ich einmal, als ich putzte und sie da waren, verstanden habe, wie der Vater zum ältesten Kind sagte, es solle sein Spielzeug einsammeln, und die Mutter sagte – *lass doch das Kind damit in Ruhe, die da räumt das schon auf, dafür bezahlen wir sie doch.* Genau so hatte sie es gesagt, *die da,* erzählte ich ihm. »Was für ein Gesindel«, sagte Viktor. Ich mochte es, wenn er mich in Schutz nahm, bei ihm fühlte ich mich sicher. Ich erzählte ihm, dass ihre Kinder Unmengen an Legospielzeug hatten, auf das sie nicht aufpassten, jedes Mal, wenn ich kam, war das Lego überall im Haus verstreut, einzelne Steine, Teile des Raumschiffs vermischt mit Teilen der Tankstelle, der Eiffelturm vermischt mit Teilen des Taj Mahal. Wenn sie nicht zu Hause waren, war das Erste, was ich tat, die Legosteine einzusortieren, manchmal eine Stunde lang. Ich weiß noch, sagte ich zu ihm, als ich klein war, vor Veras Geburt, bekam ich ein einziges Legospielzeug, eine Burg mit einer Prinzessin und einem Geist, der im Finstern leuchtete. Eine Legoburg *per capita*, sagte ich und lächelte. Viktor sah mich scharf an. Diese Burg, die bei Mario im Zimmer steht, sagte ich, ich hab sie aus Železnik nach Deutschland mitgenommen. »Was soll das heißen, *per capita,* was redest du da«, sagte er, »hältst du dich wieder für besonders klug?« Ich schwieg. »Mir ist nicht mal aufgefallen, dass wir eine Legoburg haben«, sagte er. Diese Legoburg hatte mir mein Vater gekauft, und er hatte sie selbst zusammengebaut. Mir war nicht erlaubt, sie zu bauen, um nicht etwas falsch zusammenzustecken, sagte ich, ich durfte nur mit den Figuren spielen, um die Burg herum. Ich verschob die Figuren, hob und senkte das Burgtor mit der kleinen Winde aus Plastik und dem Seil, und manchmal, wenn mein Vater nicht herschaute, nahm ich einen Teil von der Burg herunter und steckte ihn wieder an seinen Platz. Das mochte ich am liebsten, heimlich einen Stein abnehmen und ihn selbst wieder anbauen, das war so ein tolles Gefühl. Wenn ich mit dem Spielen fertig war, stellte mein Vater die Burg auf ein hohes Regal, damit sie nicht kaputt würde, damit keine Teile verloren gingen, und ich sah sie nur vom Bett aus an, insbesondere nachts, wenn der Geist genügend Licht gesammelt hatte und leuchtete, nachdem Mama das Licht im Zimmer ausgemacht hatte. Diese Burg werde ich Mario zum Spielen geben, sagte ich, wenn er nur ein wenig älter sein würde, jetzt war er noch zu klein, vielleicht würde er auch Teile verlieren oder die Burg kaputt machen. Viktor hörte mir aufmerksam zu und grinste. Dann erzählte ich ihm von dem Typen, den ich den Geist nannte, diesen Direktor, bei dem ich nur die Wasserflecken von der Spüle wischte, und der mir dafür jedes Mal den doppelten Lohn gab. Ein feiner Mann, sagte ich. Bevor er seine Hand aus meiner riss, spürte ich seinen festen Griff. Sein Gesicht lief rot an, als wäre er giftig. Viktor, was ist los, fragte ich. »Nichts«, zischte er durch die Zähne und beschleunigte den Schritt.

Ich lief ihm nach, aber ich konnte ihn nicht einholen. Viktor, rief ich, aber er drehte sich nicht um. Er wartete mit Mario oben auf dem Hügel auf mich, vor dem Schloss. Wieder hörte ich das Summen in den Ohren.

Mario lief rundherum und schaute durch die Fenster hinein, Viktor ging ihm nach und ignorierte mich. Ich schluckte meinen Speichel hinunter und versuchte, das Ziehen im Bauch zu unterdrücken. Ich hörte den Krebs, wie er mit seinen Scheren knackte – *klick, klack!* Alles ist gut, dachte ich, soll er doch, er wird sich schon wieder beruhigen, ich habe nichts Schlimmes gesagt. Am Eingang zum Schloss stand: *Die Liebe höret nimmer auf.* Ich war stolz auf mich, dass ich jetzt schon lesen konnte, was da geschrieben stand, von Tag zu Tag lernte ich die deutsche Sprache besser. Darunter stand, dass dies eigentlich ein Mausoleum war, das König Wilhelm von Württemberg seiner Frau Katharina Pawlowna errichten hat lassen. Wie wundervoll ist das denn, dachte ich, obwohl ich nicht wusste, wer die beiden waren. Die Jungs umrundeten gemeinsam das Mausoleum, und als sie zurückkamen, sagte ich: Liebling, weißt du, dass dieses Schloss ein Adeliger seiner Frau Katharina zum Zeichen der ewigen Liebe bauen hat lassen, hier steht's an der Tafel. Er hatte noch nicht gelernt, auf Deutsch zu lesen, er sah nur die Tafel an und sagte: »Na klar, seine Frau war auch keine Hure mit einem Kind aus erster Ehe.«

Am Abend rief meine Mutter an, und als ich abnahm, rief sie sofort aufgeregt: »Vera heiratet!« Wundervoll, wann, fragte ich mit gleichgültiger Stimme. »Sie ist schwanger, sie machen die Hochzeit kommende Woche, könnt ihr kommen?« Wir kommen, sagte ich. Nachdem ich das Gespräch beendet hatte, tippte ich in die Suchleiste »Katharina Pawlowna Mausoleum« ein. Wie sich herausstellte, war Katharina Pawlowna eine Adelige, die mit ihrem Cousin verheiratet wurde, dem Herzog Georg von Oldenburg. Ihr erster Mann starb an Typhus, was sie selbst nur knapp überlebte. Sie blieb mit zwei Söhnen aus erster Ehe zurück. Später verheiratete sie ihre Familie mit Wilhelm von Württemberg zwecks Festigung der Herrschaft. Auch mit ihm hatte sie zwei Kinder, aber diese hinterließ sie infolge ihres frühen Todes. Es gelang mir nicht zu verstehen, woran sie starb, alles war auf Deutsch, und so gut konnte ich doch noch nicht lesen. Mario spielte im Schlafzimmer, und Viktor packte seine Sachen. Ich war wütend, ignorierte ihn, obwohl mir die Reißverschlussgeräusche den Bauch aufschlitzten, ich dachte, ich würde sterben an diesem Gefühl. Am meisten auf der Welt hasste ich das Geräusch von Reißverschlüssen. Ich tippte in die Suchleiste »Tod wegen Reißverschluss« ein, als Suchergebnis kam die Schlagzeile heraus: *Jahrelang stand ich bei Arsenal wegen dem Reißverschluss unter Druck.* Wie sich herausstellte, hatte irgendein Fußballtrainer, wenn ich das richtig verstanden habe, häufig Probleme mit den Reißverschlüssen an seinen Jacken und wurde deswegen ausgelacht. *Am Ende wurde mir bewusst, dass mich alle beim Jackezumachen beobachteten, also stand ich jedes Mal un-*

*ter großem Druck, wenn ich an meinen Reißverschluss fasste,*
stand da. Ich verstand diesen Druck.

An der Eingangstür blieb Viktor mit den Taschen in den
Händen stehen und sagte: »Ich kann das nicht. Es tut mir leid.
Es liegt nicht an dir, es liegt an mir. Ich dachte, ich könnte es,
aber ich kann nicht, ich habe mich getäuscht«, und ging.

———

Das ganze Wochenende lag ich im Bett. Ich stand nur auf, um
Mario Mittagessen zu machen, vom Essensgeruch allein wurde mir übel. Die Bauchschmerzen ließen nicht einen Augenblick lang nach, sie existierten in mir wie ein Fremdkörper, sie
existierten in gleichem Maß wie ich, aber gänzlich getrennt
von mir. Obwohl ich in den letzten paar Monaten einige Kilos
abgenommen hatte, fiel es mir schwer, meinen eigenen Körper zu tragen, diesen massigen Leib, dessen Sklave ich war,
der sich kraftlos durchs Haus schleppte. Abends versuchte ich
ihn auszutricksen, ihn mit Alkohol zu betäuben, aber es gelang mir nicht. Auch nach zwei Flaschen Wein starrte ich bei
völlig klarem Bewusstsein die Wand an. Ich konnte nicht mal
für eine Sekunde einschlafen, meine Gedanken spielten in der
Nacht noch verrückter, sie wollten nicht aufhören, mich nicht
in Ruhe lassen. Mein ganzer Schlafmangel sammelte sich in
einem Punkt und trat in Form von Herpes im linken Winkel
meiner Oberlippe auf, und von dort, durch diesen kleinen
Fleck, entzog er mir alle Kraft. So lag ich da, widerlich, die Beine an der Wand ausgestreckt, um sie gefühllos werden zu lassen, um als Ganzes gefühllos zu werden, auszutrocknen und
weiß zu werden wie Hundekacke. Die Nacht dauerte lange,

und ich schaffte es, den ganzen Artikel über Katharina Pawlowna zu übersetzen. Macht doch nichts, dass ich nicht schlafen kann, dachte ich, ich lerne Deutsch, ich bilde mich fort,
immer schon verbrachte ich meine Zeit gerne mit etwas Nütz-
lichem. Wie sich herausstellte, hatte Katharina Pawlowna ihren zweiten Mann Wilhelm bei der Untreue erwischt, er hatte eine Affäre mit irgendeiner französischen Adeligen. Eines
Winterabends ging sie in einem dünnen Nachthemd hinaus,
so stand es da, um ihn zu suchen, weil er ausgegangen und
nicht zurückgekommen war. Ohnehin schon gesundheitlich
angeschlagen, erkältete sie sich und bekam eine Lungenent-
zündung, monatelang war sie bettlägerig. Als die Lungenent-
zündung vorbei war, bekam sie von der Erschöpfung Herpes.
Im linken Winkel ihrer Oberlippe, stand da. Infolge der Kom-
plikationen mit dem Herpes starb sie schlussendlich. Ich
sprang aus dem Bett und rannte zum Badezimmerspiegel. Ich
sah so hässlich aus, als hätte ich den ganzen Tag Essiggurken
gegessen. Statt meinem Herz pulsierte der Herpes auf meinem
Gesicht.

———

Am folgenden Arbeitstag war ich zu gar nichts zu gebrauchen.
Jedes Fenster, das ich putzte, war verschmiert, trüb, man sah
jede Wischbewegung. Ich hatte keine Kraft, die Putztücher
auszupressen, und wenn ich mich bückte, um etwas aufzu-
heben, wurde mir schwindelig. Ich kam zu den hochnäsigen
reichen Leuten, sie waren nicht zu Hause. Anstatt die Legosteine zu sortieren, womit ich für gewöhnlich den Tag begann,
machte ich den Staubsauger an und saugte sie einen nach
dem anderen ein. Sie knirschten wie die Knochen in Killer-

serien, oder wie wenn man mit einem schmerzenden Zahn auf einen Kirschkern biss. Kirschen klingt schon so nach Knirschen.

Der Geruch von Katzenpisse im Haus der Katzenleute war an diesem Tag so intensiv, dass ich mich fast übergeben musste. Aus, ich kann nicht mehr, dachte ich. Ich wollte nach Hause, ich wollte meine Sachen packen und in mein wundervolles Železnik zurückkehren, wo wir wieder im Garten herumspazieren und Tauben füttern würden. Wo mich die Kommentare und Blicke meiner Mutter nicht stören würden. Ich wollte zurück zu meiner Arbeit mit meinen wundervollen Kollegen, ich wollte mit ihnen zusammen zu Mittag essen und am Wochenende ein Kleid anziehen und Make-up auftragen. Ich konnte mich nicht erinnern, wann ich mich das letzte Mal geschminkt oder meine Nägel lackiert hatte. Meine Nägel waren abgeblättert bis zum Fleisch, meine Fingerspitzen taten weh, als wären sie frisch amputiert. Ich wollte zurückkehren, aber ich wusste nicht, ob sie mich dort wollten. Ich dachte, niemand würde mich mehr wie früher ansehen, wie Eva, die Eigenständige, ein eigener Mensch, sondern ich würde die Rückkehrerin sein, Gebrauchtware, Flüchtling, auf meiner Stirn stünde *Gescheitert,* und alle würden mir auf die Stirn starren. Ist wieder zurückgekommen. Hat's wieder zu nichts gebracht.

Mario ist an diesem Tag brav gewesen, er hat keinen Unsinn gemacht, sagte die Erzieherin, als ich ihn vom Kindergarten abholte. Er hielt meine Hand und blickte den ganzen Weg zu Boden. Wollen wir die Vögel füttern gehen, fragte ich. Er schüttelte den Kopf. Wollen wir Schokobons essen? Wieder schüttelte er den Kopf. Auch er vermisste Viktor.

Es wäre zu viel, wenn ich behaupten würde, dass ich da

schon etwas ahnte, aber ich weiß, dass es so war. Ich erinnere mich. Obwohl die Wohnung abgeschlossen war – an dieses Gefühl, als ich den Schlüssel ins Schloss steckte, erinnere ich mich –, spürte ich etwas, da bin ich mir sicher, etwas, wovon meine Hand für einen Moment taub wurde. Ich schloss langsam auf, leise, und mein Herz pochte. Mario ging hinein, stellte seine Tasche auf den Boden und blieb wie angewurzelt stehen, als hätte er einen Geist gesehen. Über das ganze Bett, vom Kissen bis zum Fußende, lag ein riesiger Strauß Blumen. Ein Strauß mit Callas, genauer gesagt. Ein gelegter Strauß, nicht so einer, den man in eine Vase stellen konnte, sondern ein waagrechter, so einer wie auf Friedhöfen. Die ganze Wohnung roch nach den Blumen, es waren sicher über hundert. Verfluchte Calla mit ihrem verfluchten Namen. Ich rannte aufs Klo und übergab mich. Viktor, rief ich, Viktor, ich ging durch die Wohnung, schaute in Marios Zimmer, schaute in die Küche, aber er war nirgends. Ich suchte unter dem Bett und in den Schränken. Die Wohnung war vollkommen leer. Ich schaltete Mario einen Zeichentrickfilm ein, schloss die Wohnung ab und ging duschen. Aus dem Badezimmer rief ich meine Mutter an. Mama, sagte ich, wir kommen zurück. Wir kommen zu Veras Hochzeit und bleiben da, habt ihr Platz, fragte ich. »Evka, mein Kind, was ist passiert?« Nichts ist passiert, Mama, sagte ich, nur so, wir kommen eben zurück. Als ich aus dem Bad kam, saß Viktor vor dem Fernseher und kitzelte Mario, Mario kicherte wie ein kaputtes Spielzeug. »Mit wem hast du telefoniert, Schatz?«, fragte er und breitete die Arme aus, als Einladung zur Umarmung.

»Ich möchte, dass du die Mutter meines Kindes wirst. Unseres Kindes. Du weißt, ich liebe Mario wie meinen Sohn, aber ich wünsche mir auch ein eigenes Kind. Kannst du das verstehen?«, flüsterte er mir ins Ohr und streichelte mir übers Haar. Meine Augen fielen ganz von allein zu, endlich, als wären sie von einer dreitägigen Wache entlassen worden, um sich schließlich auszuruhen. Ich verstehe, sagte ich. »Weißt du, auch wenn ich überreagiere, weiß ich zumindest, dass ich überreagiere. Das ist nur, weil ich Angst davor habe, das zu verlieren, was wir haben. Wir haben etwas Wundervolles, Evka. Bitte verzeih mir, und nimm dir meine Worte nicht zu Herzen, lass mich nur ausreden, und sei dir sicher, ich meine es nicht so. Am besten hörst du mir gar nicht zu, wenn ich so drauf bin. An dem Tag bin ich ausgerastet, weil ich dachte, wie kommt jemand dazu, meine Frau zu bemitleiden, was bildet der sich ein, dir Geld dazulassen. Ich werde für uns Geld verdienen. Ich werde uns mit allem versorgen. Mir fehlt nur noch so wenig, Evka.« Ich sank in den Schlaf und sah einen Schwarm weißer Tauben vor mir, der gleichmäßig und friedlich dahinflog. Aus dem Schlaf riss mich der Gedanke, dass Tauben vielleicht gar nicht in Schwärmen flogen.

———

Wenn Leute beschließen, ein Baby zu bekommen, verändert sich ihre Beziehung. Zwangsläufig. Da ist keine Leidenschaft mehr. Es gibt keinen Platz für Leidenschaft, wenn ich im Bett über Töpfchen, Windeln und Verstopfung in der Schwangerschaft nachdenke. Vielleicht hatte Viktor recht, vielleicht ging es unserer Beziehung nicht nur deswegen schlecht, vielleicht lag es auch an mir. Ich verlor das Interesse, aber nicht an ihm, sondern an mir. Es gab nichts Anziehendes mehr an mir, jede meiner Anstrengungen im Bett sah falsch, unappetitlich aus. Ich begann, mich vor mir selbst zu ekeln, überließ die ganze Arbeit ihm und war nur noch da, teilweise anwesend. Viktor fiel das auf. Er sagte, er erinnere sich nicht daran, wann ich das letzte Mal auf ihn zugegangen wäre, wann ich irgendeine Art Initiative gezeigt hätte. Das stimmte, ich erinnerte mich auch nicht daran. »Liebst du mich nicht mehr, Eva?« Daran liegt es nicht, erklärte ich ihm. »Woran liegt es dann, Eva? Warum kommst du nicht manchmal her und fasst mir an den Schwanz? Ich würde gern spüren, dass mich meine Frau will. Verstehst du das?« In der Nacht, bevor wir zu Veras Hochzeit nach Belgrad aufbrachen, gab er es mittendrin auf. »Du benimmst dich wie eine Leiche«, sagte er, »und woher hast du diesen Herpes im Gesicht, das sieht aus wie eine Geschlechtskrankheit, was machst du überhaupt an den Wochenenden, wenn ich nicht zu Hause bin?« Wenige Minuten später schnarchte er friedlich, und ich beobachtete die Schatten an der Decke, ich spürte jede ihrer Bewegungen durch meinen Körper strömen. Der Herpes in meinem Gesicht pulsierte, nur noch darin war Leben, der Rest von mir lag einfach da, abwesend und völlig fremd. Ich wusste, dass die Zeit verging, weil die Schatten verblassten. Im Morgengrauen, als sie endlich müde wurden und mit der Farbe der Decke zu verschmelzen begannen, als sie aufhörten, mich zu verfolgen, entspannte sich mein Körper kurz. Einen Augenblick später klingelte der Wecker.

Mario und ich packten die Koffer, Viktor machte uns belegte Brötchen. Er machte die, die ich am liebsten mochte, mit Schinken, Pavlaka und Essiggurken, er packte jedes einzeln in Folie ein. Es war unmöglich, dass er solche belegten Brötchen machte, wenn ihm nichts an uns lag, dachte ich. In einen eigenen Koffer packte ich die Sachen für die Hochzeit, damit sie nicht zerknitterten. Mein cremefarbenes Lieblingskleid und sein cremefarbenes Hemd mit den Blümchen. Damit wir zusammenpassten. Unsere Sachen lagen so übereinstimmend, friedlich auf dem Boden, wie Sachen, die meine Großmutter sorgfältig zusammengelegt im Schrank aufhob, »bereit für den einen Tag«, das hatte sie gesagt. Großmutter war schon lange nicht mehr da, und meine kleine Vera heiratete, das Leben war nun ganz anders, dachte ich.

»Warum weinst du, Evka, Schätzchen?«, Viktor kam von hinten auf mich zu und umarmte mich. »Alles wird gut.« Während ich Mario anzog, schlichtete er das Gepäck in den Kofferraum, pedantisch, präzise, fast schon mathematisch genau. Genau so hatte auch mein Vater Gepäck geschlichtet, wenn wir verreisten. Alles wird gut, dachte ich, und es lief mir kalt über meine Knie.

Im Auto ist es immer friedlich. Ein warmes Brummen und leicht abgestandene Luft, gerade richtig, um Mario einzuschläfern. Viel Zeit war vergangen, seitdem ich das letzte Mal auf dem Beifahrersitz gesessen hatte und in Ruhe den weißen Streifen auf dem Asphalt zusehen konnte, wie sie wie Mücken unter uns vorbeiflogen. Mir tat es leid um die Mücken, die über die Autobahn flogen und auf den Windschutzscheiben verendeten, aber Viktor kümmerte das nicht, er machte nur ab und zu die Scheibenwischer an, und weg waren sie. Er war ein guter Fahrer. In Österreich blieben wir stehen, um Kaffee zu trinken und zu essen. Viktor ging mit Mario aufs Klo, während ich die Brote auspackte. »Kannst du es glauben, dass man hier sogar fürs Klo bezahlen muss?! Im Sozialismus hat es das nicht gegeben!«, sagte Viktor, als er zurückkam und Mario das T-Shirt in die Hose steckte. Mario hielt die Arme hoch erhoben, damit er ihm nicht unabsichtlich auch die hineinsteckte, und ich stellte mir vor, wie es wäre, anstelle von Wohnungen Tankstellenklos zu putzen, das war bestimmt keine leichte Arbeit. Auch diese Klos putzen irgendwelche Frauen, Schatz, ich finde es in Ordnung, wenn man dafür bezahlt, sagte ich. Er klappte Marios Arme an den Körper, setzte ihn in den Sitz und schnallte ihn an. »Mein Gott, wie dumm bist du eigentlich. Wegen Leuten wie dir geht diese Welt vor die Hunde. Nie werden wir den Kapitalismus besiegen, genau wegen Leuten wie dir. Die größten Feinde der Freiheit sind zufriedene Sklaven.« Viktor, hör auf, mich zu beleidigen, sagte ich. »Ich beleidige dich nicht, du beleidigst dich selbst. Wenn du dich mit etwas nicht auskennst, halt lieber den Mund.« Den Rest der Strecke schwieg ich, nicht, weil er mir den Mund verboten hatte, sondern weil ich wütend war.

In Slowenien regnete es. Wir schwiegen beide immer noch. Auf das beschlagene Fenster zeichnete ich einen Babyfuß. Die Außenseite einer geschlossenen Faust hinterlässt einen Abdruck wie ein Füßchen. Darüber zeichnete ich nur noch die kleinen Zehen dazu. Viktor schenkte dem keine Beachtung, er konzentrierte sich auf die Fahrt. Die Dinge wären sicher anders, wenn wir ein Baby hätten, es gäbe weniger Platz für Unsinnigkeiten, für überflüssige Diskussionen, wir würden uns um unser kleines Baby kümmern, und alles wäre gut. Im Rückspiegel betrachtete ich Mario, er war in seinem Sitz eingeschlafen, den Kopf zur Seite gelehnt, sein Haaransatz war verschwitzt und seine Lippen feucht. Er schlief tief und fest. Ich griff nach Viktors freier Hand, die auf dem Schalthebel lag.

Zunächst runzelte er die Stirn, aber nach ein paar Sekunden legte er meine und seine Hand in seinen Schoß. Im Auto war es sehr warm, wohlig, wir waren einander so nahe, allein, in unserer kleinen Welt. Ich legte meine Hand zwischen seine Beine.

Für einen Moment dachte ich, wir wären gegen etwas gekracht, vor meinen Augen lag nur Dunkelheit. Ich spürte, wie mein Gesicht kribbelte, ich spürte den Geschmack von Blut an den Zähnen. Wenn Viktor an der rechten Hand keine Uhr getragen hätte, wäre meine Lippe nicht geplatzt. »Da hinten schläft dein Kind, du Trampel!«, sagte er, nachdem er mich geschlagen hatte. Viktor, ich weiß nicht mehr, was du von mir willst, schrie ich.

Wenn ich nicht zu schreien begonnen hätte, wäre Mario nicht aufgewacht. Ich wischte das Blut mit feuchten Taschentüchern ab und weinte, dann weinte er auch. Bleib stehen, schrie ich Viktor an, bleib stehen, und wir blieben an der nächsten Tankstelle stehen. Im Auto begann es fürchterlich zu stinken. Mario hatte in die Hose gekackt, und ich schlug ihn mit aller Kraft. Jetzt weißt du wenigstens, warum du weinst, schrie ich. So hat das auch meine Mutter immer zu mir gesagt.

Wir waren schon in Serbien, kurz vor Belgrad. Die Tankstellenklos waren schäbig, verdreckt und gratis. Ich brachte Mario und mich in Ordnung, zog seine angeschissene Unterhose und mein blutiges T-Shirt aus und warf sie in den Müll. Mario weinte nicht mehr, er starrte nur stumm auf den Boden. Viktor wartete beim Auto und rauchte eine Zigarette. Er sagte, er würde nicht mit uns nach Belgrad kommen. Er würde auf den Bus warten und nach Stuttgart zurückfahren. Da wünschte ich mir zum ersten Mal, dass das alles einfach nur aufhörte. Egal wie, einfach nur, dass es ein Ende hatte.

———

Zum Wohl der anderen muss man manchmal seinen Stolz hinunterschlucken. Das hat sie mir beigebracht. Wenn du ein Kind bekommst, stehst du nicht mehr selbst an erster Stelle, auch das hat sie ständig gesagt. Dieses Mal stand ich wirklich nicht an erster Stelle. An erster Stelle stand Vera, meine kleine Vera, mit der ich mich nie beschäftigt hatte. Meine kleine Vera, die jetzt ihr eigenes Leben hatte, über das ich rein gar nichts wusste. Nie hatte ich nur einen Gedanken daran verschwendet, wie es ihr mit einer Schwester wie mir gehen musste. Vielleicht habe ich ihr das ganze Leben lang sehr gefehlt, so wie mir jemand Älteres fehlte, der mir den Weg zeigen konnte. Ist auch besser, dass ich ihr im Leben nichts gezeigt habe, dachte ich, ich hätte ihr nur zeigen können, wie man abstürzte. Wie man unterging. Das hier war ihr Wochenende, ihre Feier, die ich nicht mit meinem beschissenen Leben beschmutzen wollte. Ich wollte die Aufmerksamkeit nicht auf meine Probleme lenken, darauf, dass ich allein da wäre, warum Viktor nicht gekommen wäre, wo sie uns doch einen Platz für drei Personen reserviert hätten. »Jeden Platz bezahlt man extra«, hatte mir meine Mutter hundertmal gesagt, »sagt vor der Ankunft Bescheid, wie viele Plätze wir für euch reservieren sollen.« Drei Plätze, sagte ich. »Bist du dir sicher, Evka?« Ich bin mir sicher.

Viktor saß auf dem Parkplatz und stützte den Kopf in die Hände. Viktor, ich ging auf ihn zu, bitte, komm mit uns. Er hob den Kopf nicht. Viktor, ich bitte dich, sagte ich. Er begann zu weinen, leise, wie feiner Nieselregen, von dem man glaubt, man würde nicht nass. Er schaute mich an und senkte schnell den Blick. »Ich kann nicht glauben, dass du mich dazu gebracht hast, das zu tun«, sagte er. »Das bin nicht ich, du hast mich dazu gebracht, ich schäme mich, ich kann es nicht glauben ...«, wiederholte er. Viktor, schon gut, sagte ich monoton. Ich weiß, es war nicht deine Absicht, bitte komm jetzt, steig ein und lass uns weiterfahren. Alles, was ich in diesem Moment wollte, war, zusammen zu dieser verdammten Hochzeit zu kommen. Danach würde ich mir alles Weitere überlegen, dachte ich. Ich werde sagen, dass mich Mario unabsichtlich mit dem Fuß ins Gesicht getreten hat, schlug ich ihm vor, Kinder machen so was. Bitte, Viktor. »Ich schäme mich, Eva. Du erweckst dieses Böse in mir, du und Calla, ihr beide bringt das Schlechteste in mir hervor. Ich bin nicht so einer, ich bin nicht ...«, wiederholte er. Vielleicht, dachte ich, war das Böse wirklich in mir. Es tut mir leid, sagte ich.

Er setzte sich ins Auto, auf den Beifahrersitz. Ich fuhr also bis Belgrad. Als ich mich hinters Lenkrad setzte, sah ich, dass die Fußmatte beim Fahrersitz feucht war, verklebt mit weißem dickflüssigem Sekret, das, da bin ich mir sicher, noch nicht da gewesen war, bevor Mario und ich zum Umziehen auf die Toilette gingen. Wir kamen spät in Belgrad an.

———

Mütter können selbst durch Wände hindurchsehen.

Die Wände in meinem Kinderzimmer waren ergraut, sie waren seit unserem Auszug nicht mehr gestrichen worden.

Während ich die Sachen verstaute, hörte ich Mario wie ein Vögelchen zwitschern, als ihn Opa in die Höhe warf. Ich hatte begonnen, meinen Vater vor Mario »Opa« zu nennen, damit ihn dieses eine Wort nicht in den Ohren schmerzte. *Papa*, wirklich ein anmaßendes Wort. »Oh, wie schwer du geworden bist, kleiner Mari, wie viele Kilo wiegst du denn?«, fragte er ihn, und Mario lachte. »Wie viel, Moment, lass mich mal sehen, Mund auf!« Mario machte den Mund auf. »Wirklich wahr, du bist hundert Kilo schwer!« Mario lachte wieder, währenddessen briet meine Mutter Würstchen. »Ihr habt sicher Hunger, Kinder«, sagte sie und sah meine schlanken Beine an, ich kannte diesen Blick. Für die eigene Mutter war man nie gut genug genährt. Mama, das ist eine Modelfigur, sagte ich und lachte, aber nicht zu sehr, damit der Schnitt an meiner Lippe nicht aufplatzte. Mario hat mir eine mit dem Fuß verpasst, sagte ich. Viktor durchschnitt das Würstchen auf seinem Teller.

»Also los, Kinder, erzählt mal, wie es in diesem Deutschland so ist«, sagte mein Vater. Viktor erzählte, dass wir viel arbeiteten, aber dass es gut voranginge, wir kämen wunderbar zurecht. Er berichtete meinem Vater, dass er an etwas überaus Wichtigem schreibe, und dass ich ihm dabei eine große Hilfe sei. »Ihre Tochter ist meine Heldin«, sagte Viktor, »ich bewundere sie aufrichtig.« »Das wissen wir doch, mein Sohn«, erwiderte mein Vater, »Evka war immer schon eine Heldin. Ihr ganzes Leben lang hat sie alles allein gemacht«, sagte er, während er Mario einen Bissen in den Mund steckte. Ich sah die Würstchen auf meinem Teller an und war mir in dem Moment nicht mehr ganz sicher, ob ich allein essen konnte, ich wünschte mir, dass auch mich jemand fütterte. Statt der Würstchen schüttete ich Schnaps in mich hinein, einen nach dem anderen. Papa, sagte ich und unterbrach den unangenehmen Lobgesang, hast du gewusst, dass es in Deutschland verboten ist, Tauben auf der Straße zu füttern? Mein Vater lachte. »Ist das dein Ernst? So sind sie also, die Schwabos ... und warum, bitte schön, dürfen die Tauben nicht gefüttert werden?« Es heißt, sie sind allergisch gegen Gluten, sagte ich und fing an zu lachen. Mein Vater bekam einen Lachkrampf, »allergisch gegen Gluten«, wiederholte er, »verdammte Schwabos«, sagte er immer wieder und brach jedes Mal in Lachen aus. Wir redeten und lachten am Tisch, alle lachten, außer meine Mutter. »Und was arbeitest du, Evka, mein Kind?«, fragte sie. Ich sagte, dass ich jetzt schon ziemlich gut Deutsch könnte und eine bessere Arbeit suchte, bald würde ich sicher eine bessere Arbeit finden. Meine Mutter wartete auf den Rest der Antwort. Zurzeit putze ich Luxusapartments, sagte ich. Ich habe ein sehr hohes Gehalt, und die Arbeit ist absolut nicht schwer, die Wohnungen sind quasi sauber, ich komme nur, um Staub zu wischen, eine anständige Arbeit. Meine Mutter schwieg. »Niemand muss sich für irgendeine Arbeit schämen!«, rief mein Vater und prostete uns allen zu. So ist es, sagte Viktor, so ist es, sagte ich selbst, und prostete ihm zu. Meine Mutter räumte die Teller ab und servierte wortlos das Dessert.

Genug von uns, sagte ich, erzählt mir von Vera. »Sie ist im dritten Monat«, rief meine Mutter von der Spüle herüber, »und sie haben eine Wohnung im Stadtzentrum gekauft.« Vera hat eine Arbeit am Institut bekommen, ergänzte mein Vater, und sie wird in Babypause gehen, wenn die Schwangerschaft fortgeschritten ist. Nikola arbeitet für eine große Pharmafirma, fügte meine Mutter hinzu, er verdiene gut, sie hätten es wirklich fein. Da fiel mir auf, dass ich nicht einmal gewusst hatte, wie Veras Freund hieß, der einzige Freund, den sie im Leben gehabt hatte, ihr zukünftiger Ehemann, vielleicht hatte ich ihn nicht einmal nach seinem Namen gefragt. Ich fühlte mich wie die mieseste Schwester auf der Welt. Vielleicht war das Böse wirklich in mir, dachte ich wieder. Meine arme kleine Vera.

Am Abend holte ich die festliche Kleidung für die Hochzeit aus dem Koffer und hängte sie auf Kleiderbügel. Ich hängte sie an die Außenseite des Schranks, damit sich die Falten glätten konnten. Ich betrachtete die schönen Stücke vom Bett aus, sie hingen so ruhig da, friedlich und leer, ohne uns und unsere Streitereien. Viktor, sagte ich, ich glaube, das Leben kann wirklich einfach sein, ich weiß nicht, warum wir es ständig verkomplizieren. »Natürlich kann es das, Liebling«, sagte er. »Entschuldige für das heute.«

———

Ich stand sehr früh auf, schon gegen sechs Uhr, obwohl die Hochzeit erst zu Mittag war. Viktor ging da gerade erst ins Bett. »Ich hab die ganze Nacht gearbeitet«, sagte er, »heute bin ich wirklich gut vorangekommen.« Ich freute mich, dass er zufrieden war, dass er gut vorankam, aber in mir drin kam eine Wut auf, die für gewöhnlich über Nacht verschwand. Hatte er denn genau in dieser Nacht arbeiten müssen, wir hätten gemeinsam zu Bett gehen, uns ausschlafen können, um heute auf Veras Hochzeit frisch und ausgeruht zu sein. Es muss nicht immer alles so sein, wie ich es mir vorgestellt habe, sagte ich mir und versuchte, den Strom negativer Gedanken zu unterbrechen. Ich hatte gelesen, dass sich der Mensch mit negativen Gedanken selbst alles verdirbt. »Liebling, weck mich eine halbe Stunde, bevor wir gehen müssen, in Ordnung?« In Ordnung, sagte ich. Draußen kam die Sonne heraus, die Luft war warm und duftete nach Linden. Viktor schloss die Fenster und zog die Vorhänge zu. Bevor er das Licht abdrehte, sah ich an der Wand neben dem Schreibtisch klebrige weiße Flecken, die langsam hinunterrannen.

Meine Eltern waren früher losgegangen, um zu helfen, wir sehen uns um zwölf vor dem Standesamt, sagten sie. Mario rannte durch den Garten, wälzte sich im Gras, lief dem Ball hinterher. Ich hatte ihn lange nicht so vergnügt gesehen. »Mama, schau!«, sagte er, und dann machte er etwas ganz Gewöhnliches, schoss einen Ball oder warf sich auf die Erde. Bravo, mein Sonnenschein, sagte ich jedes Mal zu ihm. Ich fragte mich, wohin dieses Kinderglück verschwand, wie wir diese Zufriedenheit mit den einfachen, kleinen Dingen vergessen konnten. Ich dämpfte die Zigarette aus und legte mich neben ihn ins Gras. Ich wünschte mir, für immer da liegen zu bleiben. »Mama«, sagte er, »bekomme ich mal einen Bruder oder eine Schwester?« Ja, Liebling, antwortete ich.

Ich duschte lange, wirklich lange, wenn man in Betracht zieht, dass ich seit Marios Geburt keine Minute im Badezimmer verbrachte, ohne dass er an die Tür klopfte, mich rief, weil er Hunger hatte, aufs Klo musste oder auch einfach zu lange nichts von sich gab, sodass ich mir Sorgen machte und eingeseift aus der Wanne sprang, um zu sehen, ob es ihm gut ging. Ich duschte bestimmt eine halbe Stunde, mindestens, während er Zeichentrickfilme im Fernsehen schaute, er hatte die Filme vermisst, sagte er. Unter dem heißen Wasserstrahl weinte ich zuerst, weil mir klar wurde, dass auch mein kleiner Mario schon wusste, dass er etwas vermisste. Zuvor hatte ich ihn nie so etwas sagen gehört, ich dachte, dieses Wort würde er nicht kennen. Danach weinte ich vor Glück, dass wir hier waren, zu Hause, bei unserer Familie, ich weinte wegen Vera und Nikola und weil ich ihn nie zuvor Nikola genannt hatte, weil ich vielleicht nicht da sein würde, wenn ihr Kind zur Welt kam. Ich weinte wegen Mamas Würstchen, weil sie im Gefrierfach immer noch diese Würstchen für Überraschungsgäste hatte, sie war immer auf jede Situation vorbereitet, meine wundervolle Mama. Ich weinte am meisten vor Glück, das wurde mir klar, und wegen der Schönheit des Lebens, die unerträglich war, wenn sie so offensichtlich war. Ich sah gar nicht so schlecht aus, wenn ich weinte, mein Gesicht wurde nur ein wenig fülliger, gerade richtig. Ich föhnte mir die Haare und schminkte mich, ich war zufrieden mit meinem Aussehen. Bevor ich Mario anzog, weckte ich Viktor. Liebling, mach dich fertig, sagte ich fröhlich. Er stand ohne Widerrede auf und ging unter die Dusche.

Ich half Mario mit der Fliege, ich hatte eine Fliege für Kinder mit kleinen Vögelchen drauf gekauft, und gerade als ich es geschafft hatte, sie hübsch festzubinden, tauchte Viktor hinter meinem Rücken auf. »Es gibt kein verdammtes Warmwasser«, sagte er. Sein Ton durchbohrte meine Wirbelsäule, traf mich genau in den Magen, sodass ich mich fast über Marios Gelfrisur übergeben musste. Wie meinst du das, sagte ich. »Großartig, ich weiß nicht, was daran so schwer zu verstehen ist. Das Bad ist voll mit Dampf, wie eine Sauna, und es gibt keinen Tropfen Warmwasser. Kapiert?« Viktor, sagte ich, wir sind spät dran, bitte dusch dich kurz ab, es ist sowieso warm draußen, und dann gehen wir. »Was bist du nur für ein Trampel«, sagte er, »anstatt dich zu entschuldigen, dass du das ganze Warmwasser aufgebraucht hast, treibst du mich jetzt auch noch an. Ist es so schwer, einmal Entschuldigung zu sagen? Hauptsache, ich kann mich immer entschuldigen, selbst wenn ich nicht schuld bin, aber du bringst es nicht über die Lippen. Was für ein Mensch bist du eigentlich.« Ich schwieg und zählte die Vögelchen auf Marios Fliege. »Du denkst also, ich dusche nicht gern mit heißem Wasser?!« Schon gut, sagte ich, entschuldige, dass ich das ganze Warmwasser verbraucht habe, und jetzt bitte, mach dich fertig, damit wir gehen können. »Ich werde nirgendwohin gehen«, sagte er. In dieser Sekunde roch ich wieder den Gestank, diesen säuerlichen Gestank von Kinderscheiße. Da hätte ich ihn, ich erinnere mich, wirklich am liebsten umgebracht. Mich und ihn, und dann hätte man uns die Sachen an den Kleiderbügeln angezogen, mein schönstes Kleid und sein schönstes Hemd, und uns dabei die steif gewordenen Schultern gebrochen, um uns die Ärmel überzuziehen.

———

Zumindest heute hättest du einmal pünktlich sein können, teilte mir ihr Blick mit, diesen Blick kannte ich. Mein ganzes Leben lang rügte sie mich fürs Zuspätkommen. Mama, wenn du wüsstest, dass ich in Deutschland nicht einen einzigen Tag zu spät zur Arbeit gekommen bin, wärst du stolz, dachte ich, aber ich sagte nichts, umarmte sie und ging Vera und Nikola suchen, um ihnen zu gratulieren. »Das ist viel zu viel Geld!«, sagten sie, als wir ihnen das Kuvert anstelle eines Geschenks überreichten. Auch ich dachte mir, dass es zu viel war, aber

Viktor bestand darauf, so viel zu geben, der Großteil des Geldes war von ihm. Er war wirklich spendabel, im Lauf des Abends gab er noch viel Geld für die Musik aus, er klebte dem schwitzenden Sänger Geldscheine an die Stirn, und sie spielten jedes Lied, das er sich wünschte. Ich kannte kein einziges dieser Lieder. »Mein Schwiegersohn ist so ein fröhlicher Kerl!«, sagte mein Vater vergnügt. Ich lächelte säuerlich. Mir gefiel, wie Viktor tanzte, nicht zu gut, dass es unattraktiv, feminin aussehen würde, und nicht zu schlecht, dass er wie ein Clown wirkte, sondern genau richtig, im Rhythmus, aber ein bisschen plump. Er war unglaublich attraktiv, wenn er glücklich war, er sah aus wie ein ganz anderer Mensch. Es war nicht seine Schuld, dachte ich. Vielleicht musste ich tatsächlich nur lernen, Entschuldigung zu sagen.

Vera sah wunderschön aus, ich war jedes Mal ganz gerührt, wenn ich sie ansah. Nikola kam ständig zu ihr und fragte: Geht's dir gut, Schatz, bist du müde, Schatz, brauchst du etwas, Schatz. Ihre Beziehung kam mir dann doch ein wenig steril vor. »Wann machen wir ein Kind, Schatz?«, fragte mich Viktor im Taxi, als wir nach Hause fuhren. Vielleicht stritten wir nur, weil wir uns mehr als alle anderen liebten, dachte ich. Wir knutschten im Wagen, während Mario schlief.

———

Es war Viktors Idee gewesen. Ich sah in ihren Augen, dass sie es nicht gut fand, obwohl sie zugestimmt hatte. »Schon gut, Evka, mein Kind«, sagte sie beim Frühstück, »wie du meinst.« Mein Vater frühstückte nicht mit uns, er war irgendwo im Garten. Mama, ich muss mir einen anderen Job suchen, ich werde den ganzen Tag nicht zu Hause sein, wer weiß, wie die Bedingungen in der neuen Arbeit sein werden, sagte ich. Viktor arbeitet viel, es wird niemand auf ihn aufpassen können. »Schon gut, Evka, ich hab ja schon Ja gesagt.« Mario saß neben dem Tisch auf dem Boden und spielte mit den Spielzeugautos, aber ich wusste, dass er wusste, dass es um ihn ging. Ihm wird es schon nicht schaden, dachte ich, wenn er ein, zwei Monate bei ihnen bleibt, während wir uns etwas aufbauen. Er war ja sowieso gerne in Železnik. Es wäre auch leichter für uns, ein Kind zu zeugen, wenn er nicht da war, wir müssten nicht aufpassen, ob er uns hörte, ob er schlief, ob er aufgewacht war. Ich wusste, dass sich alles verändern würde, wenn wir ein Kind bekämen. Ich wusste auch, dass sich, vor allem, Viktor verändern würde.

---

Meine Morgen hatten zu lange damit begonnen, das Bild auf dem Display anzuschauen, auf dem ich in gelben Handschuhen einen Mopp hielt, und auf meinem Busen stand »Book-a-tiger«. Jeden Morgen, wenn ich diesen Mopp und meinen Gesichtsausdruck sah, hätte ich am liebsten das Handy gegen die Wand geschmissen. Ich sah noch dümmer aus als der Mopp. Die Wohnung des Typen, bei dem ich nur die Wasserflecken von der Spüle gewischt hatte, stornierte ich. In der Firma sagte ich, seine Wohnung wäre mir zu weit weg und passe nicht in meinen Dienstplan. Stattdessen bekam ich die Wohnung einer obsessiven Schwangeren im siebten Schwangerschaftsmonat, bei der ich mir im Flur vor der Wohnungstür eine Einweguniform anziehen musste, die sie mir jedes Mal aushändigte. Ich zog mich im Flur des Wohnhauses um, während die Nachbarn vorbeigingen und meine gebrauchte Unterwäsche ansahen, ich sah, dass sie genau meine Unterwäsche ansahen und sich dachten, dass sie nie zuvor so gebrauchte Unterwäsche gesehen hatten. Ich versprach mir, dass ich mir vom nächsten Gehalt neue Unterwäsche kaufen würde, sodass mich niemand mehr so ansehen würde, wie Gebrauchtware. Danach, wenn ich mir vor ihrer Tür die Einwegkosmonautenuniform angezogen hatte, packte ich all meine Kleider in einen schwarzen Müllsack, verknotete ihn und ließ ihn vor der Tür stehen. Über meine Füße stülpte ich chirurgische Überzieher, und erst dann durfte ich die Wohnung der obsessiven Schwangeren im siebten Schwangerschaftsmonat betreten. Zuerst putzte ich die Küche, danach das Wohn- und das Schlafzimmer, und dann musste ich mich noch einmal umziehen, bevor ich die Toilette putzte. Um die Bakterien aus der Toilette nicht zu verbreiten, das hatte die obsessive Schwangere zu mir gesagt. Ich bemühte mich, ihre Sorge zu verstehen, obwohl mir, nur manchmal, danach war, sie in den Bauch zu treten und ihr zu sagen: Sie da, Ihrem hochheiligen Kind wird nichts passieren, selbst wenn ich den Staub auf dem Klo mit demselben Mikrofasertuch aufwische wie den im Wohnzimmer, und dann würde ich ihr den Lappen ins Gesicht klatschen. Natürlich tat ich das nie, sondern ich benutzte das blaue Mikrofasertuch ausschließlich für die Toilette, das rote nur fürs Wohnzimmer und das gelbe für die Küche. Alle Putztücher wusch ich dann in der Maschine, getrennt und hintereinander, dann trocknete ich sie und packte sie in separate Plastiktüten. Ich fragte mich, was für einen Namen die obsessive Schwangere im siebten Schwangerschaftsmonat ihrem Kind geben würde, es musste irgendein ganz besonderer Name sein. Wenn sie es überhaupt zur Welt brachte, vielleicht würde sie ihr Kind auch für immer im Bauch tragen, um es vor dem Staub auf dem Klo und all dem anderen Dreck auf dieser Welt zu bewahren. Ihr Kind würde ein kleiner Prinz sein, so würde er auch heißen. Prinz Wilhelm. Jedes Mal, wenn ich sie dann mit dem verknoteten Müllsack im Flur vor ihrer Wohnungstür erwartete, fragte ich sie: Sie da, wie geht es Ihnen heute, wie geht es unserem kleinen Prinzen Wilhelm? Sie verstand den Witz nicht, sagte nur »gut, gut«, und fing dann an, mir Anweisungen zu geben. Bei ihr in der Wohnung fiel es mir zum ersten Mal ein, da dachte ich über den Namen unseres Kindes nach. Ich weiß nicht, warum, aber ich war mir sicher, dass wir noch einen Sohn haben würden. Es wäre nicht fair gegenüber Viktor, wenn wir ein Mädchen bekommen würden. Wir würden einen Sohn bekommen, und wir würden ihn Albert nennen. Unser kleiner Albert. Er stünde im Klassenbuch ganz oben. Er wäre der Klassenbeste. Er würde einmal Wissenschaftler werden.

———

Es war das erste Mal, dass wir bei Andrej und seiner Frau zum Essen eingeladen waren. Andrej war in seiner Firma bereits befördert worden, und man sah, dass sie gut davon leben konnten. Seine Frau hatte ein großes Stück Fleisch mit Kartoffeln gebraten, und im Salat waren Birnenstückchen und Granatapfelkerne. Nie zuvor wäre mir in den Sinn gekommen, Granatapfel in einen Salat zu geben. Das Essen ist vorzüglich, sagte ich, du kochst wirklich wundervoll. Andrejs Frau arbeitete als Hilfskraft in einer Restaurantküche. Viktor hatte mir das nicht erzählt. Viktor hatte mir eigentlich noch nie von der Frau seines Bruders erzählt. Das würde mir auch gefallen, sagte ich, als Koch in einem Restaurant zu arbeiten. »Als Köchin«, unterbrach mich Viktor. Ja, als Köchin, sagte ich, wo ist der Unterschied. »Der Unterschied ist in der sprachlichen Gleichstellung der Geschlechter«, sagte er, »solange Frauen wie du nicht anfangen, geschlechtersensible Sprache zu verwenden, wird sich an eurer Lage nichts verändern.« Ich war mir nicht ganz sicher, wovon Viktor redete, aber in einem war ich mir sicher – er mochte es nicht, wenn ich in einer Runde mit anderen irgendetwas sagte. Was auch immer ich erzählen wollte, er fand einen Weg, mich zu unterbrechen, mich zu beschämen, eine Bemerkung zu machen, die mir das Reden bis zum Ende des Tages vermieste. »Warum kommst du nicht bei uns zu einem Gespräch vorbei, wenn du wirklich so gerne kochst?«, fragte mich Andrejs Frau. Ich errötete vor Glück, nur ganz wenig, unsichtbar, wie der Granatapfelkern in meinem Mund.

»Schämst du dich denn gar nicht, dich so aufzudrängen?«, fragte mich Viktor, als wir nach Hause kamen. Ich glaube nicht, dass ich mich aufgedrängt habe, sagte ich, sie haben sich doch selbst angeboten, mir zu helfen. »Ja«, erwiderte er, »aber sie haben meinetwegen angeboten zu helfen, nicht deinetwegen.« In Ordnung, sagte ich, aber sie haben sich auf jeden Fall von selbst angeboten, ich habe nur erwähnt, dass ich gern kochen würde, ich sehe nicht ein, dass ich irgendwas falsch gemacht habe. Außerdem möchte ich wirklich gern den Job wechseln, sagte ich, was ist falsch daran, wenn sie mir dabei helfen? »Dein ganzes Leben lang bettelst du nur«, sagte er.

Viktor, erwiderte ich scharf, wenn ich morgen schwanger bin, werde ich keine Wohnungen mehr putzen können. Viktor verstummte. Es war das erste Mal, dass ich in einem Streit das letzte Wort hatte. »Du hast recht«, sagte er nach einiger Zeit, »entschuldige.« Er entschuldigte sich wirklich jedes Mal, wenn er etwas Falsches gesagt oder getan hatte. »Ich war schroff, weil ich diese Frau nicht mag. Ich mag sie einfach nicht, sie hat etwas Falsches an sich. Ich bin überhaupt nicht glücklich für Andrej.« Ich wollte ihn nicht fragen, warum er das dachte, aber ich schluckte meine Spucke besonders laut hinunter.

Iskra, so hieß Andrejs Frau, nahm mich in der folgenden Woche zu einem Vorstellungsgespräch mit. Sie holte mich mit dem Auto ab, ich wartete fünfzehn Minuten vor der abgemachten Zeit vor dem Haus auf sie, weil ich nicht wollte, dass sie in unsere Wohnung kam. Abgesehen davon, dass Viktor sie nicht ausstehen konnte, war unsere Wohnung weitaus unansehnlicher als ihre. Man sah schon von der Tür aus, dass unsere Wohnung keine Wohnung war, in der Salat mit Granatapfel zubereitet wurde. Iskra kam pünktlich, sie hupte kurz und winkte mir fröhlich zu. Als ich zu ihr ins Auto stieg, fühlte ich mich schlecht, als würde ich etwas vor ihr verbergen. »Du wirst sehen, mein Chef ist wundervoll«, sagte sie, während wir zum Restaurant fuhren. Im Radio waren die Nachrichten auf Deutsch zu hören. »Die Arbeit ist nicht leicht, aber man kann schnell aufsteigen«, sagte sie. *Die Stadt Stuttgart wird als eine der ersten Städte alle Diesel-Fahrzeuge verbieten und aus dem Verkehr ziehen,* sagte die Stimme im Radio. »Die Einstiegspositionen sind normalerweise etwas undankbarer, sie haben nicht wirklich viel mit Kochen zu tun ...«, sagte Iskra. *Neueste*

*Untersuchungen zeigen, dass Stuttgart die Stadt mit dem niedrigsten Stresslevel in ganz Europa ist,* sagte der Sprecher. »Meistens spült man Geschirr oder schneidet Gemüse. Zwiebeln schneiden, Karotten schneiden, Kartoffeln putzen, Kartoffeln schneiden …« *Dem Antrag, das Tragen von Trainingsanzügen in Cafés und Restaurants künftig zu verbieten, wurde stattgegeben. Es sei sexistisch, meinen Expertinnen und Experten …* »Das heißt bei uns Vorbereitung. Also die Vorbereitung der Lebensmittel fürs Kochen, du machst die Vorbereitung, und die Köche kochen dann mit bereits geputzten und vorbereiteten Lebensmitteln, der Chefkoch schält zum Beispiel nie selbst Kartoffeln …« *Anlässlich des Funds einer geköpften lebensgroßen Puppe nahe Stuttgart wurde eine Fahndung eingeleitet …* »Ich war zum Beispiel nur sechs Monate Hilfskraft, danach wurde ich gleich Hilfsköchin. Ich habe Salate und Suppen gemacht, Häppchen arrangiert, während der Chefkoch die Hauptgerichte zubereitet.« *Verkehrsstaus sind der Preis für eine starke Wirtschaft, hieß es heute auf der Sitzung der …* Ich schluchzte. »Geht es dir gut, Eva?«, fragte mich Iskra und hielt am Straßenrand an. Mir geht's gut, sagte ich, entschuldige. »Ist alles in Ordnung?« Alles ist in Ordnung, Iskra, bitte entschuldige, es ist nur irgendwas gerade hochgekommen. »Eva, ist sicher alles okay? Mir kannst du es ruhig sagen.« Alles ist okay, sagte ich. Sicher ist alles okay.

Der Chef des Restaurants, in dem Iskra arbeitete, war tatsächlich ein wundervoller Mann. Ein Mann in fortgeschrittenem Alter, aber er hielt sich gut, man sah, dass er auf sein Äußeres achtete. Im Restaurant arbeitete auch sein neunzehnjähriger Sohn, mit kahlrasiertem Kopf und in der Mitte einer langen, mit Gel aufgestellten Strähne, er sah aus wie eine Ananas. Er war ebenfalls in Ausbildung, er wollte Chefkoch werden. »Ihr Deutsch ist ziemlich gut«, sagte der Chef zu mir, »Wie kommt es, dass Sie die Sprache so schnell gelernt haben? Wie lange, sagen Sie, leben Sie schon hier?« Eineinhalb Jahre, antwortete ich. »Ein Jahr? Das ist ja großartig«, sagte er. »Die Arbeit hier lässt sich leicht erlernen, wenn man Geduld hat. Haben Sie Geduld?« Ja, antwortete ich. »Sehr gut«, sagte er. »Iskra ist eine unserer fleißigsten Mitarbeiterinnen, wir sind überaus zufrieden mit ihr, wenn sie die Hand für Sie ins Feuer legt, dann gibt es keinen Zweifel ...«

»Ich lege sie ins Feuer!«, fiel ihm Iskra ins Wort.

———

Liebling, ich hab den Job bekommen, rief ich von der Tür aus, aber Viktor reagierte nicht. Sie haben mich genommen, wiederholte ich fröhlich, aber Viktor starrte immer noch auf den Bildschirm. Ist es denn echt möglich, fragte ich, dass du dich kein bisschen freust, dass ich eine bessere Arbeit gefunden habe. »Ich freue mich«, sagte er, »natürlich freue ich mich. Aber jetzt kann ich an dem, was ich angefangen habe, nicht mehr weiterschreiben ...« Natürlich kannst du das, sagte ich, ich werde dir Erlebnisse aus dem alten Job erzählen, ich erinnere mich an alles, ich werde dir alles erzählen. »Das ist nicht dasselbe«, meinte er, »es muss lebendig, authentisch, echt sein. Vergiss es, ist auch gar nicht mehr wichtig, ich bin ja daran gewöhnt, dass du nur an dich denkst.« Ich schloss die Tür geräuschlos und ließ mir ein Bad ein. Ich fragte mich, ob es schon jemals jemand geschafft hatte, in der Badewanne zu sterben. Wie konnte man überhaupt in der Badewanne sterben? Man konnte ausrutschen und sich den Hals oder das Rückgrat brechen. Konnte man vielleicht ertrinken? Du schläfst ein und ertrinkst, warum nicht, dachte ich, vielleicht wenn man müde ist und wirklich tief einschläft. Ich war sehr müde. Ich musste das überprüfen. Mit feuchten Händen nahm ich mein Handy und tippte in die Suchleiste »in der Badewanne gestorben« ein. Wie sich herausstellte, waren gleich acht berühmte Leute in der Badewanne gestorben, so stand es in einer Schlagzeile. Der Erste war Elvis Presley, dann Lenny Bruce, ich wusste nicht, wer Lenny Bruce war, dann irgendein römischer Kaiser, ich wusste nicht, dass römische Kaiser überhaupt Badewannen hatten. Danach ein gewisser Robert, US-amerikanischer Schauspieler und Boxer. Der Mann, der das Popcorn erfunden hat, ist auch in der Badewanne gestorben, und er hieß Orville. Armer Orville, dachte ich, ich liebte Popcorn. Nach Orville irgendein französischer Popsänger, noch ein Schauspieler, von dem ich noch nie was gehört hatte, und Jim Morrison. Elvis Presley und Jim Morrison sind in der Badewanne gestorben, sie lagen wahrscheinlich genau so da wie ich jetzt, und nur Sekunden trennten sie vom ewigen Frieden. Es wunderte mich, dass keine einzige Frau in der Badewanne gestorben war, Frauen waren wohl geschickter, vielleicht, dachte ich, könnte ja ich die erste Frau sein, die in der Badewanne starb. Bei der nächsten Suche stellte sich heraus, dass das vor mir doch schon Whitney Houston geschafft hatte. Verdammte Whitney Houston. Ich wusch mir die Seife vom Körper und ging Abendessen kochen.

———

»Ich werde dir alles zeigen«, sagte Emina, eine ältere Frau aus Bosnien, die ebenfalls beim Frühstück arbeitete. Iskra hatte eine höhere Position inne, sie arbeitete als Hilfsköchin beim *À la carte*, also begegneten wir uns gar nicht. Meine Arbeitszeit war von fünf Uhr früh bis drei Uhr nachmittags, sie hingegen kam erst um zwei zur Arbeit, zog sich um und winkte mir im Vorbeigehen. Emina nahm sich meiner an, als wäre ich ihre Tochter, sie erklärte mir wirklich alles bis ins kleinste Detail. »Das hier ist der Käse, Käse kennst du?« Ja, sagte ich. Ich kenne Käse. »Das hier ist Salami.« Salami, sagte ich. »Bei den Schwabos ist es am wichtigsten, alles exakt anzurichten, auf den Millimeter genau, es darf nichts danebengehen. Für den Anfang schneide ich, und du richtest nur an«, sagte sie und stellte einige Keramikteller vor mich hin. »Leg mehr vom Gouda und weniger von dem würzigen Käse hin. Vom Gouda zirka acht, neun Scheiben, und vom Würzigen vier, fünf. Von der Salami jeweils zehn.« Ich legte zehn Scheiben von der einen Salami auf den Teller, danach zehn Scheiben von der anderen. Ich bemühte mich, dass sich jedes Salamiblatt gleichmäßig mit dem vorigen überlappte, wie ein Fächer, genauer gesagt so, dass das vorangegangene Salamiblatt genau zwei Millimeter hinter dem nächsten hervorschaute. Zwischen jeder Salamischeibe waren genau zwei Millimeter Abstand, dachte ich mir und schaute die Salami an, das konnte ich mit Augenmaß genau bestimmen. Dann legte ich neun Scheiben Gouda und fünf Scheiben Chilikäse hin, aber ich fand, das sah nicht gut aus. Dann nahm ich eine Scheibe Gouda und eine vom Chilikäse weg, damit es acht zu vier war, aber auch das sah nicht gut aus, es wirkte zu wenig. Dann gab ich wieder jeweils eine Scheibe dazu, aber jetzt hatte ich das Gefühl, man konnte sehen, dass die Scheibe einige Male weggenommen und wieder zurückgelegt wurde, die Gäste würden das bestimmt bemerken, und meine Hände begannen zu zittern. Emina, sagte ich, kannst du mir bitte genau sagen, wie viele Scheiben Käse ich hinlegen soll? Emina lachte, als der Chef hereinkam. Wenn irgendjemand anderes im Raum war, war es uns verboten, in unserer Muttersprache zu sprechen. Uns alle hier, egal woher wir kamen, nannten die Deutschen Jugos. »*Neun, fünf*«, sagte sie auf Deutsch. *Ich verstehe,* sagte ich. Ich war wirklich ziemlich gut in Deutsch, dachte ich, ich hatte schon eine Menge gelernt. Noch mal ganz von vorne legte ich neun Scheibchen Gouda und fünf Scheibchen würzigen Käse hin. Jetzt sah es gut aus. Der Chef schmiss ein großes Metallblech und ein Kilo dünn aufgeschnittenen Speck vor mich hin. »Speck«, sagte er und zeigte auf das Blech. Es war unmissverständlich, dass ich den Speck chirurgisch präzise auf dem Blech anrichten sollte. »Nicht zu wenig, nicht zu viel Abstand«, rief Emina aus der Ecke herüber. Das Speckanrichten war meine erste eigenständige Aufgabe. Sie hatten Vertrauen in mich und ließen mich den Speck ganz allein anrichten, dachte ich.

Die ersten fünfzehn Minuten lang war ich mir sicher, dass ich den Speck so präzise anrichten würde, wie niemand auf der Welt je zuvor Speck angerichtet hatte, dass sogar der Chef mein unglaublich präzises Speckanrichten bewundern würde. Nach einer halben Stunde, in der ich die langen dünnen Streifen auf dem Blech herumschob, begann ich zu schwitzen. Mir fiel auf, dass die Speckstücke nicht gleich dick waren, der Speck war einfach schief, und manche Teile waren zu nah beieinander, andere zu weit voneinander entfernt, weil der Speck vom breiten oberen Ende zum schmalen unteren Ende immer dünner wurde. Erst im letzten Moment fiel mir ein, dass ich den Speck über Kreuz anordnen könnte, nach dem Kopf-an-Fuß-Prinzip, so wie neue Schuhe in Schuhkartons, sodass die breiteren Teile die schmäleren berührten, und umgekehrt. Beim Betrachten meines Speckmosaiks spürte ich eine Wärme in der Brust. Ich war überaus zufrieden, als ich zwanzig Minuten später fertig war, und wartete darauf, dass Emina meine Kunstfertigkeit bemerkte. »Ach Gottchen, Eva, ab ins Rohr damit!«, rief sie, knallte mit einer Hand das Blech ins Backrohr und drehte es auf Anschlag auf. Der Speck krümmte sich langsam, warf sich, bewegte sich auf dem Blech, als wäre er lebendig, als würde er mir im Wissen, dass ich ihm durch das Glas des Backrohrs zusah, absichtlich vor meinen Augen den Gehorsam verweigern und mich mit seinem Zusammenziehen verspotten. Innerhalb weniger Minuten verpuffte all meine Mühe, alle Speckstücke waren nach allen Seiten hin gewellt. Emina schüttete die harten, zusammengestauchten Speckstücke mit einem Schwung in eine Schüssel, eins über das andere, und sagte »na los, jetzt das Obst, rasch!« Vor uns stellte sie Kisten mit Kiwis, Orangen, Äpfeln und Ananas hin. »Kannst du Obst aufschneiden?«, fragte sie. Klar, sagte ich. »Dann los, ich schau dir zu!« Ich fing mit einer Orange an. Ich schnitt der Orange den obersten und untersten Teil ab, dann schnitt ich die Schale an ein paar Stellen ein, klemmte meine Finger hinein und begann, sie zu schälen. Vermutlich schälten alle Menschen auf der Welt eine Orange so. Der Saft rann meine Finger hinunter, langsam und klebrig, und da wusste ich, dass ich etwas falsch machte. Emina nahm die Orange aus meiner Hand, warf sie in den Müll, und dann pellte sie die nächste mit dem Messer in weniger als einer Minute. Sie führte die Klinge so sorgfältig um die Orange, als würde sie sie streicheln. Noch nie hatte ich jemanden so gut eine Orange schälen gesehen. »Und weiter!«, rief sie, »die Ananas, kannst du eine Ananas schälen?« Ich habe noch nie eine Ananas geschält, sagte ich.

————

Am Wochenende hatte ich freie Tage, und da kochte ich meistens zu Hause. Ich wollte Viktor alles zeigen, was ich gelernt hatte. Obwohl wir in der Arbeit so viel essen durften, wie wir wollten, durften wir kein Essen mit nach Hause nehmen. Trotzdem wagte ich es nach einiger Zeit und nahm an diesem Freitag heimlich eine Ananas mit nach Hause. Zum Frühstück, bevor Viktor aufstand, schnitt ich sie in die exaktesten kleinen Dreiecke auf, die eine menschliche Hand je geschnitten hat, jedes davon ähnelte einem kleinen V. Ich pochierte Eier, machte eine Honig-Senf-Sauce und briet Würstchen. Der Duft der Würstchen weckte ihn. Das Frühstück wurde kalt, und wir lagen schwitzend auf der Couch. Ich fragte, was hältst du davon, dass wir unseren Sohn Albert nennen?

Deutsch lernte ich am besten beim Radiohören. Samstags gab es meine Lieblingssendung, ich wusste nicht genau, worum es in der Sendung ging, aber die Sprecher waren eine Frau und ein Mann mit angenehmer und fröhlicher Stimme, und die Sendung endete mit einem Jingle, in dem die beiden ständig »*Schönes Wochenende!*« sangen. *Schönes Wochenende!,* sang ich nach, während ich den Herd mit dem Stahlschwamm putzte, *Schönes Wochenende!,* sang ich, während ich das Wohnzimmer saugte und das Bad schrubbte. Ein bisschen fehlte mir das Putzen sogar, gestand ich mir ein. Ich putzte gerne.

Ich war nicht so eine Frau, die das Haus mit Gummihandschuhen putzte, dabei hatte ich kein gutes Gefühl. Ich mochte es, mit bloßen Händen zu schrubben, jeden Fleck zu fühlen, ihn gründlich wegzuschrubben. Ich betrachtete meine Handflächen, meine rissigen Fingerkuppen, die rau und hart waren wie Angelhaken, wenn ich eine glatte Oberfläche berührte. Es geht uns gut, dachte ich, und es wird uns immer besser gehen.

Der Herbst verging, und Viktor sagte, wir sollten uns um den Garten kümmern, es sei die richtige Zeit dafür. »Unser Paradiesgarten, Evka!« Wir wollten den Vermieter bitten, uns ein Stück vom Garten abzugeben, und darauf Blumen, Kräuter, vielleicht auch ein bisschen Gemüse anbauen. Hinter dem Haus, in dem wir die Wohnung mieteten, lag der riesige gepflegte Garten. Der Vermieter sagte, diesen Garten könne er uns nicht zur Benutzung überlassen. Dafür gab er uns ein paar Quadratmeter in einer umzäunten Ecke an der Vorderseite des Hauses unter unserem Fenster, zur Straße hin, die komplett von Unkraut und Gebüsch überwuchert waren. Er sagte, damit könnten wir machen, was wir wollten. Die ersten paar Tage rupften wir nur Unkraut aus, so viel gab es davon. Dann grenzten wir mit Kieselsteinen einen Teil ab, in dem ich Karotten und Basilikum säte. Als wir alles Gebüsch am Zaun weggeschnitten hatten, war unser Garten von der Straße aus irgendwie zu sichtbar. Also säten wir irgendwelche wilden Sonnenblumen. Viktor baute ein paar Bänke, indem er Paletten mit Schaumstoff beklebte und darüber schwarzes Kunstleder heftete. Von der Arbeit brachte er einen alten Autoreifen mit, er legte ihn mit dicker Folie aus und füllte Wasser ein. »Das ist unser See«, sagte er. In den See warfen wir zusammen ein paar Münzen und dachten uns Wünsche aus. Ich hoffte, dass wir uns das Gleiche wünschten, dass wir uns unseren kleinen Albert wünschten. Ich betrachtete unsere Spiegelbilder im Wasser und fragte mich, wem Albert mehr ähneln würde.

Als ich diese Woche zur Arbeit kam, übergab mir Emina große Pakete mit Schinken und Salami und sagte: Schneid. Die Arbeit an der Fleischschneidemaschine war keine besondere Sache, aber ich verstand sie als Fortschritt. Sie hatten genug Vertrauen in mich gewonnen, dachte ich, als sie mir erlaubten, mit der Fleischschneidemaschine zu arbeiten. Der Motor brummte, wenige Sekunden später zischte die Klinge wie eine Schlange, und auf der anderen Seite der Scheibe fielen dünne Salamiräder hinunter. »Der Schinken wird zwei Millimeter dick geschnitten, die Salami drei!«, rief Emina im Vorbeigehen und zwinkerte mir zu. Ich hoffte, dass der Chef hereinkommen würde, oder dass mich zumindest Iskra sehen würde, wie ich an der Feinkostschneidemaschine arbeitete. Auf einmal begann mein Bauch zu schmerzen, und zwischen den Beinen spürte ich etwas Warmes. Emina, ich muss dringend eine Pause machen, sagte ich. Das Blut war dunkel und dickflüssig, und darin war dieses Mal unser kleiner Albert ertrunken. Nächsten Monat wird es passieren, redete ich mir ein, während ich mich mit kaltem Wasser wusch, um die Röte um meine Augen zum Verschwinden zu bringen. Erst als ich meine Periode bekam, wurde mir klar, wie sehr ich mir ein Baby wünschte.

Am Ende der Schicht, wenn Iskra kam, gingen mein Chef und seine Helfer zum Kaffeetrinken und Rauchen vors Restaurant. Ich träumte von dem Tag, an dem sie mich einladen würden, mit ihnen Kaffee zu trinken. – Haben Sie Feuer, würde ich auf Deutsch fragen, und sie würden sagen: Natürlich, natürlich, warum trinken Sie nicht einen Kaffee mit uns? Dann würden wir uns unterhalten und lachen. Stattdessen sauste ich jeden Tag nur schnellen Schrittes an ihnen vorbei und sagte Tschüss. »Tschüss!«, riefen sie dann, aber an diesem Tag, an diesem Montag, fiel mir der Jingle aus dem Radio ein. *Schönes Wochenende!*, sagte ich stolz. Einer der Helfer verschluckte sich fast vor Lachen und spuckte einen Schluck Kaffee neben sich aus. Der Chef sagte Tschüss und wandte den Kopf ab, der Kaffee in seiner Tasse wogte hin und her. Ich sah, dass er lachte. Erst später lernte ich, was *Schönes Wochenende* bedeutete, und dass man es nur am Ende der Woche sagte, donnerstags oder freitags.

Viktor saß am Computer und arbeitete, er war rot im Gesicht, und im Haus stank es nach abgestandener Luft. Wie geht's voran, Schatz, fragte ich ihn, sein Atem roch nach Bier. »Es geht«, sagte er. Heute haben sie mich an der Fleischschneidemaschine arbeiten lassen, stell dir vor, sagte ich lächelnd. »Es gibt keinen größeren Feind der Freiheit als einen zufriedenen Sklaven, Eva.« Das sagte er oft zu mir. Ich schwieg einige Sekunden lang, die Tasten auf der Tastatur hallten laut wider. Ich hab heute meine Tage bekommen, sagte ich, ich bin nicht schwanger. Ich dachte, er würde Mitgefühl zeigen und nicht so grob sein. »Was für Tage, Eva?« Wann immer er meinen Namen auf diese Weise aussprach, wusste ich, dass ich ihm auf die Nerven ging. Meine Periode. »Dann sag, ich hab heute meine Periode bekommen, und nicht *ich hab meine Tage bekommen*, du hast ja keine Urlaubstage bekommen.« Ich hab keine Urlaubstage bekommen, dachte ich. »Frauen wie du haben ein Problem mit der Tatsache, dass sie Frauen sind. Wenn du dich schämst, das Wort Periode auszusprechen, ist was nicht in Ordnung mit dir. Deshalb kannst du auch nicht schwanger werden.« Viktor, hör auf, so zu reden. Ich schäme mich nicht, sondern man sagt das einfach so. »Du weißt also, wie man das sagt«, sagte er, »lies besser mal was drüber, wovon ich spreche. Ich will dir nur helfen, Eva.«

Ich verstummte. Als ich die Jacke an die Garderobe hängte, brach der Haken ab. »Wann hast du dich das letzte Mal bei Mario gemeldet?«, fragte er. »Gerade heute habe ich darüber nachgedacht, ich kann es einfach nicht glauben, was für eine Mutter du bist, ich kann nicht glauben, dass du ihn für so lange Zeit zurückgelassen hast.«

———

»Ist alles in Ordnung, Evka, mein Kind?«, fragte sie mich sofort nach dem Abheben. Ja, Mama, sagte ich. »Wie ist es in der neuen Arbeit?« Gut, Mama, gestern haben sie mich an der Fleischschneidemaschine arbeiten lassen. Meine Mutter schwieg. Bei Viktor läuft die Arbeit gut, er ist befördert worden. Meine Mutter schwieg, irgendwie noch mehr, nur im Hintergrund drang Marios schrille Stimme durch. Wie geht es Mario, fragte ich und hörte, wie meine Mutter kurz ihren Speichel einsog, das verriet sie. »Mari geht es gut«, sagte sie, »er macht nicht mehr in die Hose, schon einige Tage hat er nicht mehr in die Hose gemacht.« Gib ihn mir mal, Mama, sagte ich. »Er hat sich hingelegt, Evka, mein Kind, er schläft. Ruf morgen noch mal an.«

Silvester kam näher, und ich hatte es geschafft, eine Menge Geld anzusparen. Ich plante, dass wir eine neue große Wohnung mieteten, Mario ein neues Bett kauften, einen Schreibtisch, die beste Schultasche. In Deutschland konnte man tatsächlich Geld verdienen, wenn man sich Mühe gab, wenn man fleißig war, man konnte sich vieles leisten. Deshalb hatte ich nicht den Wunsch, wieder zurück hinunterzugehen, nach Serbien, um für dreimal weniger Lohn zu arbeiten, ich wollte Mario nicht in die Schule in Železnik einschreiben lassen, in diesem blöden Železnik, wo alle Wünsche unverwirklicht blieben, damit man morgen woanders zur billigen Arbeitskraft würde. Mein Mario würde eine tolle Schullaufbahn haben, versprach ich mir. Er würde keine Klos putzen, er würde keine Salami an der Feinkostschneidemaschine schneiden. Mein Mario würde in einem Büro arbeiten und Poloshirts tragen, er würde groß gewachsen sein. Noch mehr, er würde sehr groß gewachsen sein, niemand würde an ihn heranreichen, wie an die Sterne am Himmel. Und wenn unser kleiner Albert groß wäre, würden sie zusammenarbeiten können. Sie hätten eine gemeinsame Firma, eine Firma für Informationstechnologie, oder sie wären beide Ärzte und hätten ihre Privatklinik. Mein kleiner Mario und unser kleiner Albert.

Am einunddreißigsten Dezember schneite es. In unserem Paradiesgarten spross nichts. Weder Karotten noch Basilikum, es sprossen nur die wilden Sonnenblumen, die übermäßig hoch wuchsen. Es machte mir Angst, wie hoch sie wuchsen. Unser See war zugefroren, darauf hatte sich Schlamm angesammelt. Immer wenn ich den Vermieter im Garten sah, wich er meinem Blick aus. Ich hatte den Eindruck, unser Paradiesgarten gefiel ihm nicht, obwohl er das nie sagte. Da hatte ich auch selbst das Gefühl, dass das Gartenstück doch schöner ausgesehen hatte, bevor wir es hergerichtet hatten.

Meine Mutter sagte, es schneie auch in Belgrad. Dann holte sie Mario ans Handy, ich fragte ihn, ob er heute einen Schneemann bauen würde, und wenn ja, müsse er mir unbedingt ein Foto davon schicken. Er sagte, er würde einen Schneemann in Form einer Taube bauen. Wundervoll, Schatz, sagte ich zu ihm, wirst du ihm den gepunkteten Topf auf den Kopf setzen? Nein, sagte er, Tauben tragen keine Töpfe auf dem Kopf. Du hast recht, mein Schatz, sagte ich, Mama redet Quatsch. Weißt du, dass wir uns ganz bald sehen, fragte ich. Und dass der Weihnachtsmann dieses Jahr für ihn die schönsten Geschenke auf der Welt vorbereitet habe. Er wisse es, sagte er. Ganz, ganz bald sehen wir uns, mein Schatz, sagte ich. »Ich weiß, Mama«, sagte er und gab das Handy meiner Mutter. »Viel Spaß heute, Evka, lass uns morgen telefonieren, ihr habt heute Abend sicher etwas vor.« Danke, Mama, euch auch, sagte ich, während ich versuchte, den vollgepackten Kofferraum zu schließen.

Wir hatten eine Unterkunft in einem kleinen Skigebiet in der Nähe von Stuttgart gebucht. Feldberg, der höchste Berg des Schwarzwalds, stand im Internet, und die Pauschalangebote waren sehr günstig. Wir hatten fünf Nächtigungen, Halbpension mit Ski-Pass. Zum Empfang am ersten Abend bekamen wir sogar drei Getränke im Hotelclub. Völlig ausreichend. Es war mein Neujahrsgeschenk an Viktor, er war davor noch nie Ski gefahren. Ich bin ja auch absolut kein Profi, erklärte ich ihm im Auto, ich war nur ein paar Mal mit Kollegen in Kopaonik Ski fahren. Er saß am Steuer, und ich versuchte ihn zu überzeugen, dass Skifahren leicht war, dass er das ganz bestimmt schnell beherrschen würde, er war ein sportlicher Typ, er war kräftig, er würde das im Nu erlernen. Viktor fuhr und schwieg. »Dieses Skifahren hat mich noch nie gereizt«, sagte er, »das ist ein Zeitvertreib für Reiche.« Das stimmt nicht, Liebling, sagte ich zu ihm, das ist ein Sport für jedermann, wir sind nur aus einem Land, in dem es wenige Skigebiete gibt. Siehst du, sagte ich zu ihm, hier in Deutschland fahren alle Ski. Kleine Kinder fahren Ski, Leute fahren nach der Arbeit Ski – alle fahren Ski. »In Serbien fahren nur die Reichen Ski«, sagte er.

Im Auto war es warm, und draußen hatte es Minusgrade, die Fenster waren beschlagen, und ich dachte, dass sich deshalb mein Blick trübte. Noch bevor er den nächsten Satz aussprach, hatte schon das Summen in meinen Ohren begonnen. Ich konnte genau spüren, wann sich ein Erdbeben ankündigte, in mir hatte sich ein ganz neuer Sinn für Erdbeben herausgebildet. »Wer von dieser Firma hat dich überhaupt zum Skifahren eingeladen?« Niemand hat mich eingeladen, sagte ich, ich hab ein paar Mal das Hotel selbst bezahlt, ich bin mit den Kollegen gefahren, weil wir damals viel zusammen unternommen haben, kannst du dich nicht an meine Kollegen erinnern, sprach ich schnell. »Ich kann mich nicht erinnern«, sagte er, »ich kann mich nur daran erinnern, dass ich mir nicht ganz sicher bin, warum sie dich mitgenommen haben. Ehrlich gesagt kann ich mir auch nicht ganz erklären, warum sie dich überhaupt in diesem Job gehalten haben, wenn du dich in dem Fach doch gar nicht auskennst. Du musst ihnen wohl bei etwas anderem geholfen haben.« Was meinst du damit, Viktor, fragte ich. Er schwieg und starrte auf die Straße. Was meinst du genau damit, wiederholte ich lauter. »Vergiss es«, sagte er nach einiger Zeit, »ich muss jetzt nachdenken, ich bin am Ende des Romans und darf das jetzt nicht aus den Augen verlieren.« Ich verstehe, sagte ich, und dann schwieg ich eine Stunde lang.

Das Auto roch nach Salami von den belegten Brötchen, ich zog meine Schuhe aus und legte die Füße hoch. Die Windschutzscheibe lief rund um meine Füße an. Im Radio wurden deutsche Lieder und Neujahrssendungen gespielt, den Großteil verstand ich. Ich war mir selbst nicht mehr sicher, ob ich mich an meine alten Kollegen erinnerte, es war, als gehörte das gar nicht zu meinem Leben. Erinnerte ich mich an irgendetwas von früher? Ich konnte mich an kein einziges Buch erinnern, das ich gelesen hatte. Allgemein erinnere ich mich nicht an Inhalte, nur an Eindrücke. Ich erinnere mich nicht an das Umschlagbild, sondern nur an das Gewicht in den Händen. Leicht oder schwer. Mittelschwer. Es ist überflüssig zu sagen, dass ich mich an keinen einzigen Namen erinnere. Oder an Jahreszahlen. Einmal war ich wütend auf meine Mutter, daran erinnere ich mich, weil sie nicht wusste, wie alt ich war. Wie sich herausstellte, hatte sie recht gehabt. Ich hatte mir irrtümlich ein Jahr zu viel gegeben. Vielleicht erinnerte ich mich nicht einmal mehr an Železnik, an Belgrad, ich erinnerte mich nur daran, ob der Beton trocken oder feucht war. Ich erinnere mich an die Luft, und daran, ob die Fenster beschlagen waren. Eigentlich kann ich mich nicht einmal zur Gänze an mich selbst erinnern, nur an meine Knie. Meine Knie sehe ich immer, also bleiben sie mir im Gedächtnis. Angeschwollen. Schlank. Gebräunt. Dunkelblau. Mit Gänsehaut. Das ist alles, woran ich mich erinnere.

Nach einer Stunde blieben wir an einer Tankstelle stehen, damit Viktor Kaffee trinken konnte. Er zündete sich eine Zigarette an und küsste mich auf den Kopf. »Das wird einschlagen wie eine Bombe, Liebling«, sagte er, »ich werde ein Meisterwerk schreiben.« Ich fürchtete mich vor der Bombe.

———

Er sah aus wie Bambi, als er ging und herumtorkelte, während ihm der Angestellte im Skiverleih das dritte Paar Skischuhe in Folge brachte. Er machte ein paar unsichere Schritte, seine Knie zitterten. »Die hier sind mir auch zu klein«, sagte er. Sie sind ihm zu klein, wandte ich mich auf Deutsch zum Verkäufer. Erklären Sie ihm, sagte der Verkäufer zu mir, erklären Sie ihm, dass Skischuhe ein wenig enger sitzen, das ist normal. Wenn er sagt, sie sind ihm zu klein, dann sind sie ihm zu klein, sagte ich. »Was sagt er?«, fragte Viktor. Nichts, Schatz, sagte ich, er bringt dir gleich andere. Die letzten Skischuhe passten ihm schließlich. »Evka, werde ich das hinbekommen?« Natürlich bekommst du das hin, Liebling, sagte ich.

Wir verließen den Verleih mit den Skiern auf den Schultern und den Skischuhen in den Händen, wir sahen aus wie ein Paar aus einem romantischen Schwarzweißfilm. »Evka, ich danke dir«, sagte er. »Ich kann mich nicht erinnern, wann sich das letzte Mal jemand so um mich bemüht hat, wann mir jemand etwas gezeigt oder mir etwas beigebracht hat. Alles habe ich mir selbst beigebracht, habe mich reingekniet, auf meine eigenen, blutigen Knie.« Mich reingekniet, auf meine eigenen, blutigen Knie, hallte es in meinem Kopf nach, er konnte sich immer so schön ausdrücken. Ich dachte an meine blutigen Knie und das alte Pony-Fahrrad, das ich geerbt hatte, mit diesem Pony-Fahrrad war sogar schon meine Mutter gefahren, als sie ein Kind war. Obwohl die meisten anderen Kinder schnellere Räder hatten, liebte ich mein altes Pony, als wäre es das beste Fahrrad der Welt.

Pony-Fahrrad und Knie, diese beiden Wörter sind untrennbar miteinander verbunden, nicht wahr, sagte ich lächelnd. »Was hat ein Pony-Fahrrad mit einem Knie zu tun?«, fragte er. Wieso, sagte ich, wenn man auf dem Pony fahren lernt, schlägt man sich immer die Knie auf. Außerdem reimt es sich fast – Po-ny, Knie. »Man schlägt sich die Knie auch auf, wenn man auf irgendeinem anderen Fahrrad fahren lernt, nicht nur auf einem Pony-Fahrrad. Dass du Mamis und Papis Schatz warst, der sein rosarotes Pony-Fahrrad hatte, ist eine ganz andere Geschichte.« Die Skier auf den Schultern tragend dachte ich darüber nach, ob Skispitzen scharf genug waren, um jemanden umzubringen. Viktor, sagte ich zu ihm, ich hatte ein zweihundert Jahre altes Pony-Fahrrad, das fast auseinanderfiel! Es war das älteste Fahrrad in diesem Kaff namens Železnik, schrie ich. Lässt du mich jetzt bitte in Ruhe? »Eva, manche Kinder hatten nicht einmal so ein Fahrrad. Ich hatte gar kein Fahrrad. Ihr privilegierten Leute seid so kurzsichtig«, sagte er und beschleunigte den Schritt. »Jedenfalls«, sagte er nach ein paar Sekunden, »interessiert mich dein Pony-Fahrrad nicht, und es wäre auch besser, wenn dich Wörter und Sprachspiele nicht interessierten. Man sollte sich nicht um Dinge kümmern, von denen man keine Ahnung hat. Das sage ich dir von Herzen, zu deinem Besten.« Po-ny, Knie, wiederholte ich noch einmal innerlich. Dieses Mal klang es dumm.

Als wir in der Ferienwohnung ankamen, tippte ich »Mord durch Skier« in die Suchleiste ein. Wie sich herausstellte, hatte noch nie wer jemanden mit Skiern getötet, aber einmal war ein ungeschickter Skifahrer in Colorado aus der Seilbahn gefallen und gestorben. Er starb nicht an den Folgen des Sturzes, sondern weil die Skijacke an einem Seilbahnteil hängengeblieben war und seine Sauerstoffzufuhr unterbrochen wurde. Dann tippte ich »wie lange überlebt man ohne Sauerstoff« ein, und es kam ein Artikel mit dem Titel: *Wo liegen die Grenzen der menschlichen Belastbarkeit?*

Wie sich herausstellte, überlebt ein durchschnittlicher Mensch ohne Sauerstoff drei Minuten, ohne Wasser drei Tage, und ohne Nahrung drei Wochen. Wenn die innere Körpertemperatur dreiundvierzig Grad Celsius erreicht, tritt im Regelfall der Tod ein, obwohl es schon Fälle von Leuten gab, die auch eine Temperatur von sechsundvierzig Grad Celsius überlebten. Nach dreißig Minuten in weniger als vier Grad Celsius kaltem Wasser treten Hypothermie und Tod ein. In einer Höhe von über viereinhalbtausend Metern tritt der Tod infolge von Sauerstoffmangel ein. Ein durchschnittlicher Mensch ertrinkt beim Tauchen in einer Tiefe von zwanzig Metern, obwohl der Weltrekord bei über achtzig Metern liegt.

Zwanzig Meter klingt nicht besonders tief, dachte ich.

In den Winterurlaub hatte ich einige Fertiggerichte mitgenommen, die ich beim Türken gekauft hatte. Der Türke hatte seinen Laden genau in dem Block in Stuttgart, in dem wir wohnten. Bei ihm kaufte ich regelmäßig Kaffee, Ajvar und eingelegtes Gemüse, all die Dinge, die ich in Železnik gerne aß und die mir fehlten, und ich erlaubte meiner Mutter nicht, sie mir mit dem Bus zu schicken. Mama, sagte ich zu ihr, ich schäme mich, am Busbahnhof auf ein Fass eingelegtes Gemüse zu warten, aber sie verstand mich nicht und war gekränkt. Sie behauptete, ihr eingelegtes Gemüse wäre besser als jenes, das ich beim Türken im Glas kaufte, sie verwende nur frisches Gemüse von unserem Stand und nicht »wer weiß was für ein Gemüse«, das der Türke einlegte. Ihr eingelegtes Gemüse war auch unbestritten besser als das eingelegte Gemüse des Türken, und ich konnte ihr nicht klarmachen, dass es überhaupt nicht um das Gemüse ging. Jedenfalls richtete ich zum Mittagessen zwei fertige Bohnensuppen mit Würstchen her, das eingelegte Gemüse schnitt ich auf und richtete es an, wie ich es im Restaurant gelernt hatte. Die Essiggurkenhälften legte ich präzise wie Klaviertasten hin, und zu jeder fünften legte ich eine Karottenhälfte. Die Karotten stellten die schwarzen Tasten dar, bei denen ich nie wusste, wozu sie gut waren, wobei mir klar wurde, dass ich auch nicht wusste, wozu irgendeine andere Taste am Klavier gut war. Vielleicht sollte man sich wirklich nicht um Dinge kümmern, von denen man keine Ahnung hatte.

Ich kam vor ihm. Die Fensterscheiben waren beschlagen, durch sie hindurch konnte man kräftiges Schneetreiben erahnen, ich spürte es auch in meinem Bauch. Nachdem er gekommen war, blieben wir ineinander verhakt wie Hunde. »Weißt du«, sagte er, »eine schöne Sache habe ich dir nicht erzählt.« Meine Pupillen blieben vor Angst an der Decke kleben, wie Fingerkuppen auf einer heißen Herdplatte. »Einmal, als wir in Železnik waren und du nicht zu Hause warst«, er hielt inne, und eine seiner warmen Tränen rann meinen Hals hinunter, »da bat mich dein Vater, in den Garten hinunterzukommen. Ich hatte gearbeitet, zugegeben, ich war zuerst genervt, als er mich rief. Als ich hinunterkam, sagte er mir, dass ein Dorn in seinem Daumen stecke, und es tue ihm fürchterlich weh. Er bat mich, ihm zu helfen, wenn ich könnte, den Dorn herauszuziehen. Er sah so hilflos aus. Während ich mit der Nadel in seinem verschrumpelten Daumen herumfischte, hatte er den Gesichtsausdruck eines Kindes. Ich spürte, dass er Schmerzen hatte. Ich spürte, zum ersten Mal im Leben, wie es war, einen Vater zu haben.« Er vergrub sein Gesicht an meinem Hals und schluchzte. Viktor, Liebling, sagte ich leise. Viktor, schon gut, sagte ich. »Ich glaube, ich bin bereit, Vater zu werden, Evka. Der Name Albert gefällt mir. Unser kleiner Albert.« Ich vermisste meinen wundervollen Vater.

Für den Silvesterabend machten wir uns beide schick, wir waren wirklich ein prächtiges Paar. Ich zog ein rotes Kleid und Stiefel mit kleinen Absätzen an. Er zog einen Pullover an, den ich ihm zum Geburtstag geschenkt hatte. Ich übertreibe nicht, wenn ich sage, dass wir an diesem Abend die zwei schönsten Menschen im Club waren, alle schauten uns an. »Viski i pivo«, sagte er zum Barkeeper, der ihn nur verständnislos ansah. Einen Whisky und ein Bier, bitte, sagte ich zum Barkeeper auf Deutsch. Für mich einen *Sex on the beach,* sagte ich, obwohl ich nie Cocktails trank, aber an diesem Abend hatte ich richtig Lust auf einen Cocktail, weil er rot und süß war, weil er zu meinem Kleid passte und weil ich wollte, dass alles in unserem Leben vor Liebe, Röte und Süße platzte. »Was hast du gesagt?«, fragte mich Viktor plötzlich. *Sex on the beach,* sagte ich, ich hab einen *Sex on the beach* bestellt, einen Cocktail. »Aha, na gut«, murmelte er nur. »Prost!«, sagte er. Prost, Schatz, sagte ich. Wir tranken den ganzen Abend und redeten über unser erstes Treffen und Kennenlernen. Wir liebten es, einander immer und immer wieder von unserem Kennenlernen zu erzählen, um es jedes Mal von Neuem zu durchleben, um uns an jedes und auch noch das kleinste Detail zu erinnern. »Du sahst an diesem Abend so gut aus«, sagte Viktor, »ich konnte nicht glauben, dass so eine heiße Schnitte in so einer langweiligen Firma arbeitete.« Und du hast nur gespannt darauf gewartet, dass meine Kollegin aufs Klo ging, sagte ich zu ihm, um auf ihren Platz zu springen. Seine Wangen röteten sich. »Ich durfte die Gelegenheit nicht verpassen, an dich kam man sonst nicht ran.« Diesmal ging die Röte auf mein Gesicht über. »Weißt du was«, sagte er, »heute habe ich definitiv beschlossen, mich dir zu öffnen. Es gibt da noch eine Sache …« Welche Sache, sagte ich und verschluckte mich beinahe. »Ich habe dir nie gesagt, wie sehr ich in deine Finger verliebt bin. Ich bin schon viel länger in deine Finger verliebt, als du es dir vorstellen kannst.« Ich schaute meine Finger an und sah darin nichts Besonderes, nichts, in das sich jemand verlieben könnte. Ich bedeckte mein Gesicht mit den Fingern und hatte plötzlich meine Mutter vor Augen. Ich erinnerte mich genau an den Geruch aus meiner Kindheit. Als ich klein war, dachte ich, dass die Hände meiner Mutter so rochen, weil sie alt war. Dass Hände einfach im Alter so zu riechen anfingen. Dann sog ich mit aller Kraft die Luft durch meine Finger ein, und ich roch in ihren Poren all die Stunden und Tage des Toilettenschrubbens, ich roch das Bleichmittel, das den Geruch meiner Haut ein für alle Mal verändert hatte, ich roch die Kilos an Zwiebeln, die meine Finger geschnitten hatten. Da begriff ich, dass die Hände meiner Mutter nicht nach dem Alter rochen, sie rochen nach Zwiebeln und Bleichmittel. Meine Brust schmerzte schlagartig bei dem Gedanken, wie sehr mir meine Mutter fehlte. Viktor nahm meine Hände und küsste sie zärtlich. »Ich erinnere mich an diese Party in Železnik, ich glaube, du warst erst achtzehn. Du hast mit einem Typen geflirtet, indem du einen Eiswürfel aus dem Getränk gefischt und nach ihm geworfen hast. Ich erinnere mich an dieses Eis und an deine zarten Finger, die im kalten Wasser danach fischten. Dieses kalte Wasser war mein Herz, ich fühlte jeden deiner Finger, jedes Gelenk und jede Fingerkuppe, als hättest du eine Obduktion gemacht. Ich wusste, du würdest meine Frau werden.« Ich sah meine Finger an, dann Viktor, dann die Lichter im Club, die sich veränderten, mir wurde schwindelig. Vielleicht war ich schon schwanger, dachte ich. Warum sollte sich jemand an meine stinkenden Finger erinnern, fragte ich, warum hast du, als wir uns kennenlernten, so getan, als würdest du mich zum ersten Mal sehen, warum hast du mir das noch nie vorher erzählt, warum hast du nichts gesagt. »Weil ich auf den richtigen Moment gewartet habe. Und ich habe nichts gesagt, weil jedes Treffen mit dir wie das allererste ist.«

Die Musik wurde auf einmal lauter, die Leute fielen einander wahllos in die Arme und küssten sich, aus den Ecken flog Konfetti in die Mitte der Bar. »Frohes neues Jahr, Liebling!« Frohes neues Jahr, sagte ich und umarmte ihn so fest ich nur konnte. »Auf dass jedes unserer Treffen für immer sei wie das erste!«, sagte er und prostete mir zu, ich war mir immer noch nicht ganz sicher, was er damit sagen wollte, aber ich sah, dass es ihm wichtig war. Ich wünsche dir auch alles Gute, sagte ich.

Als Viktor auf die Toilette ging, nutzte ich die Gelegenheit, um auch dem Barkeeper, der uns den ganzen Abend bediente, ein frohes neues Jahr zu wünschen. *Frohes neues Jahr,* sagte ich stolz auf Deutsch. Der Barkeeper hob sein Glas und prostete mir zu, *Frohes neues Jahr.* »Sie sind ein wundervolles Paar«, sagte er zu mir, »was machen Sie beruflich?« Ich fand es seltsam, dass die Leute in Deutschland sofort fragten, was man beruflich machte, ohne Umschweife. Ich bin Köchin, sagte ich, und er ist Journalist. Wissenschaftler, meine ich, genauer gesagt, Schriftsteller. Er setzt sich für Frauenrechte und Klassengerechtigkeit ein, sagte ich. Der Barkeeper lächelte nur und prostete mir noch einmal zu. »Der hier geht aufs Haus«, sagte er, stellte noch einen *Sex on the beach* vor mich hin, zwinkerte mir zu und ging ans andere Ende der Bar. Viktor kam zurück und setzte sich an die Bar. »Was sagt er?«, fragte er mich. Was sagt wer, sagte ich. »Na, dein Freund hier, was sagt er? Ist ganz schön attraktiv, was?« Ich dämpfte die Zigarette aus und ging auf die Toilette.

Der Vorraum der Damentoilette war aus Holz und Glas. Runde Scheiben irgendeiner schönen duftenden Holzart waren in gleichmäßige Stücke geschnitten und bildeten aneinandergeschlichtet die Wand. Ein großes gläsernes Waschbecken stand auf einem riesigen knorrigen Stück Holz, auf dem Blütenblätter verstreut waren, daneben waren Regale mit dekorativen Trockenblumen. In der WC-Kabine war ein Mosaik aus perlmuttfarbenen kleinen Steinchen verlegt. Nie im Leben hatte ich so ein schönes Klo gesehen. Die Klobrille war völlig angepisst, rund um die Schüssel war auch alles nass. Ich konnte nicht glauben, wie jemand so etwas hinterlassen konnte, in so einer schönen Toilette. Schämte sich diese Person nicht, wenn jemand, zum Beispiel ich, nach ihr hereinkommen und daran denken würde, dass genau sie das vollgepisst hatte. Ich nahm ein paar Papierhandtücher, wischte zuerst die Klobrille ab und danach auch den Boden. Beim Händewaschen wischte ich auch gleich den Spiegel, den Wasserhahn und die Seifenuntertasse ab. Ich glaubte daran, dass das keine Berufskrankheit aufgrund meines letzten Jobs war, sondern elementare Erziehung. Während ich alles putzte, wurde mein Kleid ein wenig nass, ich versuchte es mit dem Händetrockner zu föhnen.

———

Ich schrie, er solle mir nicht zu nahe kommen, aber er lief mir trotzdem nach. Ein paar Mal stolperte ich und fiel in den Schnee, aber ich spürte die Kälte nicht. Als er mich einholte, nahm er meine Hand und begann sich damit zu ohrfeigen. »Fester, Eva, fester«, rief er, »fester!« Ich schlug mit beiden Händen um mich, gleichzeitig, und schaute nicht einmal, wohin ich schlug. »Bitte, noch fester!«

Wir packten schweigend unsere Sachen, stiegen ins Auto und fuhren zurück nach Stuttgart. Wir stornierten die Unterkunft, genauer gesagt, man hatte uns gesagt, dass wir nicht mehr dortbleiben könnten. Nachdem Viktor den Barkeeper verprügelt hatte, meldete uns dieser der Security. Als ich versuchte, ihn zurückzuhalten, schlug Viktor auch mich, aus Versehen, sagte er. Er habe meine Ehre verteidigen müssen, sagte er. »Die Ehre einer Frau existiert nur«, sagte er mit grober Stimme, während er fuhr, »wenn es einen Mann gibt, der sie zu verteidigen bereit ist.« Selbst wenn ich mir selbst gegenüber vollkommen ehrlich sein möchte, weiß ich wieder nicht, was genau während der Fahrt passiert ist, was mir genau durch den Kopf ging. Ob die Autotür nicht richtig zu war, oder ob ich sie absichtlich während der Fahrt aufmachte. Ich erinnere mich weder daran, worüber ich nachdachte, noch was ich genau wollte, ich wollte einfach nur, wie immer, dass alles aufhörte. Egal wie, solange es nur aufhörte. Ich erinnere mich nicht daran, nach der Türklinke gegriffen zu haben. Ich erinnere mich nur noch an diesen ungeheuren Schmerz, der größer war als ich selbst und mich einschläferte. Ich erinnere mich auch, dass der Asphalt hart und schnell war wie ein Komet. Wie durch ein Wunder erwischten mich die Reifen nicht.

———

Ein Bruch beider Wadenbeine, in meiner Krankenakte vermerkt als Skiunfall. Gleich nach dem Aufwachen fragte ich die Schwester, ob es im Krankenhaus eine Apotheke gäbe. Natürlich gibt es die, sagte sie. Ich gab ihr Geld und bat sie, mir die Pille danach zu kaufen, angesichts der Tatsache, dass ich nicht aufstehen konnte. Dem Aussehen nach kam mir diese Krankenschwester nicht wie eine Deutsche vor, obwohl sie nur *Ja, natürlich* sagte und danach nicht mehr mit mir sprach.

Leute brechen sich beim Skifahren die Beine, Mama, sagte ich, als wir telefonierten. Es ist nichts Schlimmes. Mütter hören aus Gesprächen vor allem das Unausgesprochene heraus. Viktor kam jeden Tag zu Besuch und brachte mir Essen und Blumen. Weder das eine noch das andere schmeckte oder roch nach irgendetwas. Ich bekam intravenös Medikamente gegen die Schmerzen, sodass ich den ganzen Tag nur schlief. Es ging mir gut. Ich fühle mich wirklich gut, Mama, sagte ich zu ihr, ich habe mich richtig gut ausgeschlafen. Ich bin einfach nur sehr müde, Mama.

Erst am dritten Tag im Krankenhaus führten Viktor und ich ein Gespräch. Wir waren uns einig, dass es am besten wäre, wenn jeder eine eigene Wohnung fände, sobald ich mich erholt hätte. »Ich werde mein Bestes geben, um sicherzustellen, dass du alles bekommst, was du hier brauchst, und dann aus deinem Leben verschwinden«, sagte er. So ist es, sagte ich zu ihm. So ist es, sagte ich zu mir selbst und weinte jede Nacht bis zur Erschöpfung, während er mir vierzehn Tage lang ausnahmslos an jedem Tag weiterhin Essen und Blumen brachte.

Bei der Entlassung aus dem Krankenhaus fühlte ich mich ungewöhnlich schlecht, ich hatte Angst. Ich wollte noch ein wenig dortbleiben, nur noch ein paar Tage, damit sich jemand um mich kümmerte. Ich konnte mich nicht erinnern, wann es mir zum letzten Mal im Leben so gut gegangen war wie in diesen paar Wochen im Krankenhaus. Mindestens noch vier Wochen im Bett bleiben, hieß es, als ich den Entlassungsbrief entgegennahm.

Unsere Wohnung roch, als wäre darin jemand gestorben, sobald wir eintraten, wurde mir übel. Er rückte mir einen Stuhl neben das Bett, hatte ein paar Packungen Chips und eine Flasche Mineralwasser gekauft. »Ich gehe heute Abend mit ein paar Freunden aus, schreib mir, wenn du was brauchst.« Er gab wirklich sein Bestes, ich konnte es ihm nicht verübeln, obwohl es mir nicht gefiel, dass er gerade am ersten Abend nach meiner Entlassung aus dem Krankenhaus ausging. Ich hatte noch nicht mit den Krücken gehen gelernt und wusste nicht, ob ich es schaffen würde, auf die Toilette zu gehen. Abgesehen davon waren wir ja sowieso nicht mehr zusammen, sollte er doch gehen, wohin er wollte, dachte ich. Klar, geh nur, sagte ich zu ihm.

Als würde der Schmerz im Dunkeln leben, wuchs er nachts an und überwältigte mich trotz der Medikamente. Es war, als hörte ich Mario, wie er im Zimmer spielte. Was macht Mario, Mama, fragte ich. »Er schläft schon, Evka, ruf morgen noch mal an.« Sag ihm, dass ich ihn noch nicht abholen kann, aber dass ich ganz bald komme. Meine Mutter schwieg.

Mitternacht war vorbei, und Viktor war noch immer nicht zu Hause. Als die vier Nullen vom Display verschwanden und eine Eins erschien, wurde mir klar, dass schon der Sechzehnte war. Viktor, was machst du, schrieb ich in die Nachricht. »Bin in der statd, was ist?« Nichts, ich frage nur, schrieb ich. »Brauscht du etws?« Nichts, schrieb ich, ich frage nur. Viktor, schrieb ich, es ist der Sechzehnte, und ich habe meine Periode noch nicht bekommen. Ich hätte sie schon längst bekommen sollen. »Wsa soll das helßen? Hast u mir was tu sagen oder nirht?« Ich glaube, es ist nichts, schrieb ich, ich habe die Pille »für danach« genommen, aber sie ist trotzdem verspätet. »Diesen ustascha Basstard hast du zur welt gebrahct, aber bei mir nimst du di Pille danach??!!!1«, schrieb er.

Seit ich aus dem Krankenhaus entlassen worden war, rief mich fast jeden zweiten Tag Iskra an und fragte, wie es mir gehe. »Ist sicher alles in Ordnung, Eva?«, fragte sie mich immer in bedeutungsvollem Ton.

———

Mario kam erst Anfang März, als ich wieder gehen konnte. Dieses Mal brachten ihn meine Mutter und mein Vater, meine Mutter wollte sehen, wo wir wohnten. Mario warf sich von der Tür in meine Arme wie eine Katze, die von einem Baum fiel – in einem war ich mir sicher, ich würde alles zulassen, nur nicht, dass unser kleiner Albert ohne Vater aufwuchs, wie Mario, wie im Übrigen auch Viktor. Wir drei schliefen im Wohnzimmer, mein Vater und meine Mutter in Marios Zimmer.

Siehst du, hier kommt Marios neues Bett hin, erklärte ich meiner Mutter. Sie starrte die leere Wand an. Und für hier, siehst du, werde ich einen Schreibtisch kaufen, für die Vorschule. Meine Mutter starrte in die gegenüberliegende leere Ecke des Zimmers. Das ist alles vorübergehend, Mama, bis wir in eine größere Wohnung ziehen, gerade erst haben wir uns Wohnungen angeschaut. Meine Mutter sagte, sie müssten los, sie wollten nicht zum Essen bleiben. Seitdem nicht mehr ich einkaufen ging, sondern nur Viktor, weil ich nicht mehr schwer tragen konnte, war der Kühlschrank ohnehin leer. Im Gefrierfach hatte ich im Gegensatz zu ihr keine Reservewürstchen. Ich wollte zum Laden rennen, nur einen Augenblick, sagte ich, dann kaufe ich Lebensmittel ein und mache eine Lasagne, Chili con Carne, eine der Spezialitäten, die ich bei der Arbeit gelernt hatte. Mein Wunsch, für sie zu kochen, war so groß, dass ich dachte, ich würde tatsächlich rennen können. »Wir haben eine lange Reise, Evka, mein Kind«, sagte sie. Mein Vater legte mir die Hand auf die Schulter und sagte, »passt auf euch auf«. Meine Mutter umarmte mich im Hof lange, ich spürte, wie sie in meiner Umarmung schmolz, wie sie kleiner wurde, als ob sie verschwinden würde. Ich sah über ihre Schulter zu unserem Paradiesgarten. Ich gab die Idee auf, ihn ihr zu zeigen, es war besser, sie kämen im Frühling wieder, wenn die neuen Setzlinge wuchsen. Kommt ihr im Frühling wieder, fragte ich. Natürlich, sagte sie und stieg ins Auto. Mario und sie winkten einander lange zu, der Vater schaute uns im Rückspiegel an. Im Frühling würde alles anders sein, da war ich mir sicher.

Seitdem ich schwanger war, hatte Viktor sein Verhalten mir gegenüber völlig verändert. Wir sprachen nicht viel miteinander, aber wir stritten auch nicht. Menschen veränderten sich tatsächlich, wenn sie Kinder bekamen, das wusste ich von mir selbst. Er arbeitete hauptsächlich und meinte, er schreibe an irgendeinem neuen Roman, der nun doch nicht mir gewidmet war. Ist auch besser so, dachte ich, obwohl ich mich schuldig fühlte. »Ich habe begriffen, dass ich vor allem ein Buch schreiben muss, das ich nur mir selbst widme. Wer sonst sollte das tun? Im Leben aller anderen habe ich doch ohnehin nur unterste Priorität.« Auf solche Bemerkungen von ihm fiel ich nicht mehr herein, ich hatte gelesen, es sei kein seltenes Phänomen, dass sich Ehemänner während der Schwangerschaft ihrer Frau einsam und verlassen fühlen. Und verängstigt, vor allem. Ich verstand ihn, auch ich hatte Angst. Mario wuchs von Tag zu Tag, doch mein Bauch nicht. Mir war nicht einmal übel. Das jedoch bereitete mir keine Sorgen, ich hoffte, ich würde dieses Mal eine jener Schwangeren sein, die einfach nur im achten Monat plötzlich aussahen, als hätten sie einen Basketball verschluckt. Ein Monat verging, in dem Viktor und ich nicht einmal miteinander laut wurden. Das war ein seltsames Gefühl, manchmal dachte ich sogar, er liebte mich nicht mehr. Ich erinnerte mich daran, als wir betrunken spazieren gingen und er manchmal losrannte, sich umdrehte, in die Knie ging und die Arme ausbreitete. Das war das Zeichen für mich, Anlauf zu nehmen und in seine Umarmung zu rennen. Dann hob er mich hoch und wirbelte mich herum, so sehr, dass ich nicht mehr wusste, wo oben und unten war, rund um mich schien überall die Sonne. Dieses Anlaufnehmen fehlte mir am meisten. Ich erinnerte mich an seine Augen und das breite Lächeln, wenn er glücklich war, wirklich glücklich, ich erinnerte mich an den ständigen Wunsch, ihm einen Backenzahn auszureißen, aus Liebe, und ihn wie einen Talisman bei mir zu verstecken. Viktor fehlte mir, obwohl er ständig bei mir war. Ich tippte in die Suchleiste: »Ist es möglich, jemanden zu vermissen, der gerade bei einem ist?« In einem Forum schrieb eine gewisse Sara Ernest: *Häufig lieben, hassen oder vermissen wir einen Menschen gar nicht, sondern wir lieben, hassen oder vermissen das Gefühl, das uns dieser Mensch vermittelt. Oder, auch das ist möglich, der Mensch verdeckt eine Leere, die bereits in uns ist, und wenn er nicht mehr da ist, wird diese offensichtlich. Weil wir die eigenen Gefühle verleugnen, nennen wir das Vermissen.* Auf einem sehr kleinen Foto lächelte Sara Ernest mit pummeligen Wangen hinter einer eckigen Brille. Da stand, sie sei »Trainer für emotionale Intelligenz«, das brachte mich zum Lachen, denn dem Foto nach war mir klar, dass Sara noch nie im Leben einen echten Trainer gesehen hatte. Ebenso wie die Tatsache, dass Sara noch nie jemanden geliebt hatte, so wie Viktor und ich uns liebten.

Iskra wusste, dass ich schwanger war, sie rief mich oft an und fragte, ob ich etwas brauchte. »Was will diese Frau?«, fragte mich Viktor, nachdem das Gespräch beendet war. Viktor, sei nicht so, sagte ich zu ihm, sie ruft an, um sich zu erkundigen, ob es mir gut geht und ob ich etwas brauche. »Sag ihr nächstes Mal, dass du nichts brauchst, weil du mich bei dir hast. Soll sich doch um ihren eigenen Scheiß kümmern.« Das habe ich ihr natürlich nie gesagt, Iskra hat es immer nur gut gemeint.

———

An diesem Morgen brach ein ganz gewöhnlicher Tag an, ein Dienstag, und nichts weiter. Viktor machte sich fertig fürs Bett, als Mario und ich uns fertig für die Arbeit und den Kindergarten machten. Viktor hatte die ganze Nacht gearbeitet, ich hatte ihn auch im Schlaf gehört. An diesem Morgen war also der Aschenbecher übervoll mit Zigarettenstummeln, über den Tisch verteilt standen leere Bierdosen und einige mit Essensresten verschmutzte Teller. Das war der Anblick, der mich fast jeden Morgen erwartete. Ich weiß, dass manche Frauen ihre Morgenroutine haben, sie trainieren oder pflegen ihr Gesicht mit Cremes und Masken, und wenn sie von der »Morgenroutine« sprachen, war immer so etwas gemeint. Meine Morgenroutine bestand darin, das schmutzige Geschirr wegzuräumen, den Aschenbecher auszuleeren, die Kippen aufzusammeln, die Viktor neben dem Mülleimer ausgestreut hatte, den Deckel des Mülleimers zu schrubben, der immer mit irgendetwas Flüssigem verklebt war. Erst dann, wenn ich alles sauber gemacht hatte, kochte ich mir einen Kaffee und machte Mario ein Brötchen. In den Kindergarten brachte ich ihn zu Fuß, und dann ging ich langsam weiter zur Arbeit, denn wegen der Schwangerschaft arbeitete ich nur Teilzeit, als Aushilfe. Doch an diesem Morgen geschah nichts von all dem. An diesem dümmsten und gewöhnlichsten Morgen der Welt klingelte mein Handy. Auf dem Display stand *Vera*. Ich konnte mich nicht erinnern, wann mich Vera das letzte Mal angerufen hatte. Eigentlich konnte ich mich nicht erinnern, ob mich Vera überhaupt jemals angerufen hatte. Anstatt mich darüber zu freuen, wurden meine Beine taub vor Angst, ich brauchte einige Sekunden, bevor ich abheben konnte.

»Eva, Mama ist gestorben«, sagte sie unter Tränen.

Meine Brust tat so sehr weh, dass ich dachte, ich würde sterben, mein Herz wäre kaputtgegangen. Ein kalter Metallhebel hatte ein Rad in mir lahmgelegt, und alles blieb stehen. So sah der Tod aus, da war ich mir sicher, sodass alles einfach aufhörte, das Blut gefror, die Zeit blieb stehen, es tat weh und war kalt. Was redest du da, Vera, fragte ich sie. »Mama ist gestorben«, wiederholte sie, »sie hat am Tisch gesessen und zu Abend gegessen, dann ist sie einfach umgefallen, gestorben, ich weiß es nicht. Eva!!«, brüllte sie in den Hörer. Ich brach das Gespräch ab und legte mich auf den Boden. Ich begann zu zittern und zu verkrampfen, stumm wie eine vergiftete Ratte. »Eva, was ist passiert?!«, er stand über mir. »Eva!«, rief er. Irgendwie begriff er von allein, dass er Mario wegbringen sollte, und brachte ihn in sein Zimmer. Mama ist gestorben, sagte ich und begann mit weit geöffnetem Mund, aber immer noch tonlos, zu weinen. Er kniete sich neben mich und umarmte mich: »Eva, wie das?!« Ich zitterte, während sich mein Kiefer mit trägen Bewegungen, tonlos von allein öffnete und schloss wie bei Holzpuppen. Er hielt mich fest und wiegte sich mit mir hin und her. »Eva, wie das, wer hat dich angerufen?«, wollte er wissen. Vera, brachte ich schließlich hervor. Vera.

Als ich mich beruhigt hatte, schenkte er uns ein Getränk ein. Einen Whisky, in den Kristallgläsern, die mir meine Mutter geschenkt hatte. »Wie ist sie gestorben?«, fragte er wieder. Gestorben, sagte ich. Sie saß am Tisch, aß zu Abend, fiel um und starb, indem ich es aussprach, fing ich erneut an zu schluchzen. Wieder umarmte er mich fest und küsste mich auf den Scheitel. Er schenkte mir noch ein Glas ein und holte aus seinem Toilettenbeutel ein Beruhigungsmittel. »Nimm das«, sagte er. Ich hatte noch nie Beruhigungsmittel genommen, ich mochte keine Medikamente und hatte nicht gewusst, dass er welche nahm. Ich nahm zwei Lexilium, danach noch zwei Whisky. Meine Hände und meine Kopfhaut kribbelten, ich spürte Ameisen, die mich streichelten und trösteten. Nach einer halben Stunde fühlte ich mich ein wenig besser, oder eigentlich fühlte ich gar nichts. Ich dachte, ich wäre verrückt geworden, ich hätte Wahnvorstellungen, aber im Augenwinkel sah ich deutlich sein Lachen. Viktor, fragte ich, sag mal, lachst du etwa? Er schwieg. Viktor, wiederholte ich, bilde ich mir das ein, oder hast du gelacht? »Ich musste an etwas denken«, sagte er und lachte lauter. Woran musstest du denken, Viktor?, fragte ich und umklammerte das Kristallglas. »Ach, ist nicht wichtig jetzt, wirklich, ich musste nur an was denken, das spielt keine Rolle.« Woran musstest du denken, Viktor?, insistierte ich. »Es ging mir nur diese Redewendung durch den Kopf«, sagte er, »wenn man über jemanden sagt: Er hat den Löffel abgegeben. Als ginge es um eine Steuererklärung. Kennst du die Redewendung?« Ja, antwortete ich. »Tja, und wenn du am Tisch sitzt und stirbst, hast du buchstäblich den Löffel abgegeben, nicht wahr?«, sagte er und brach in Gelächter aus. »Warum siehst du mich so an, ich denke natürlich nicht an deine Mutter, wie kannst du bloß so phonozentrisch sein!« Ich erinnere mich nur noch an meine Finger, dieselben schönen Finger, die Eiswürfel aus einem Glas fischten, dieselben Finger, die jetzt nach Zwiebeln und Bleichmittel stanken, und die jemand auch in diesem Zustand noch geliebt hatte. Ich erinnere mich, wie sie sich in seinen Hals drückten wie in frischen Teig, wie sie aus seiner Kehle Luft und Speichel herauspressten, als pressten sie ein Mikrofasertuch aus. Dennoch befreite er sich, er war viel stärker als ich.

Er brüllte durch die verschlossene Badezimmertür hindurch, während ich im Zimmer meine Reisetasche suchte. »Hau ab, du Kranke, verschwinde!«, war zu hören. Ich setzte mich auf das Sofa und tippte in die Suchleiste »Ehemann erwürgt« ein. Es kamen dutzende Artikel, sie begannen mit *Mann tötet seine Frau, laut Nachbarn war er ruhig und zurückgezogen* oder *Mann tötet seine Frau, er hatte sie beim Fremdgehen erwischt.* In jeder der Schlagzeilen gab es irgendein *Aber,* eine Rechtfertigung. Nur eine Schlagzeile begann mit Großbuchstaben, *SKANDALÖSES VERBRECHEN,* stand da, *Frau erwürgt ihren Mann mit bloßen Händen!* Wie sich herausstellte, hatte das eine Frau aus Bijeljina in Bosnien getan. Auch daran erinnerte ich mich zuerst gar nicht. Dann tippte ich »Phonozentrismus« in die Suchleiste ein.

Ich ging nicht wegen ihm, auch nicht wegen mir, ich ging nur wegen unserem kleinen Albert. Ich wusste, dass ich ihn vor all dem retten musste und es nicht zulassen durfte, dass er solche Dinge sah. Ich wusste, dass ihm etwas Schlimmes passieren würde, wenn ich nicht ging. In Marios Kindergartentasche packte ich uns jeweils eine Unterhose und Socken sowie Marios und meine Zahnbürste ein. In eine Plastiktasche packte ich die Legoburg. Ich nahm das Kuvert mit dem Ersparten, das mir mein Vater gegeben hatte, das ich versteckt hatte. Ich rief ein Taxi, das uns zu den Freunden meines Vaters bringen sollte, von denen er mir erzählt hatte, ich könne mich immer an sie wenden, wenn ich Hilfe bräuchte. Hilfe, egal womit, hatte er gesagt. Ich nahm Mario an der Hand, und wir gingen. Mario schwieg den ganzen Weg lang, es kam mir vor, als würde er nicht einmal atmen.

Als wir bei den Leuten ankamen, empfingen sie uns an der

Tür, ohne nachzufragen. Sie umarmten mich und Mario und sagten: »Es tut uns leid, wir haben schon davon gehört.« Zuerst dachte ich, sie meinten meine Mutter, aber dann stellte sich heraus, dass sie mich und Viktor meinten. Sie hatten gewusst, dass mich Viktor misshandelte, erzählten sie beim Kaffee, sie hatten es von meinem Vater gehört. Durch dicke Schichten Medikamente und Alkohol hindurch verspürte ich in mir eine kleine, stille Wut. Ich sagte nichts.

————

Der Freund meines Vaters hatte eine um vieles jüngere Frau, sie war sicher zwanzig Jahre jünger als er. Sie hatte eine Teenagertochter aus erster Ehe, und gemeinsam hatten sie einen fünfjährigen Sohn. Der Sohn war Autist, er sprach nicht und trug Windeln. Sie boten uns Essen an, fragten, ob wir einen Spaziergang machen wollten. Ich sagte, ich müsse mich ausschlafen, ich war fürchterlich müde. Sie überließen uns das Zimmer ihres Sohnes, räumten dessen Sachen weg, trugen meine Tasche und gaben uns ein Set sauberer, schöner Handtücher. Noch nie hatte ich so schöne Handtücher gesehen, das war alles, woran ich dachte.

Das Bett des autistischen Sohnes war eigentlich ein großer roter Ferrari. Ein richtiger, in ein Bett verwandelter Ferrari, nur dass es anstatt der Innenausstattung eine Matratze gab. Der Schrank im Zimmer war so gebaut, dass er wie eine Tankstelle aussah, und eine der Wände war vollständig mit schwarzweißen Quadraten bemalt, wie die Start- und Zielflagge in der Formel 1. Mit diesen Dingen versuchten sie wahrscheinlich, ihn für das zu entschädigen, was er nicht hatte. Ich legte mich in den roten Ferrari und wünschte mir, nie wieder aufzuwachen.

Ich stand erst am nächsten Tag wieder auf, nach zwanzig Stunden Schlaf. Der Morgen war kalt und schmerzte. Im Wohnzimmer tranken der Freund meines Vaters und seine Frau Kaffee, sie standen auf, als ich das Zimmer betrat. »Eva«, sagten sie, »wir haben erst jetzt erfahren …«, sie kamen auf mich zu und umarmten mich. Ich stand da, die Arme steif neben dem Körper, wie ein Bleisoldat. Nur fehlte mir kein Bein, ich fehlte als Ganzes. Von diesem Tag an fühlte ich mich, als existierte ich überhaupt nicht mehr.

Sie machten Frühstück, und wir setzten uns alle an den großen gemeinsamen Tisch. Die Tochter frühstückte schnell und ging wieder in ihr Zimmer. Der Sohn schlug mit dem Löffel im Teller herum, sodass nach allen Seiten hin die Cornflakes spritzten. Die Eltern taten so, als sähen sie das gar nicht. In Marios Augen sah ich Angst. Iss, Marilein, sagte ich zu ihm, und erst da schreckte er auf, sah mich an und nahm einen Bissen. Den Kopf hielt er gebeugt, um den Sohn nicht anzuschauen. Nach langem Schweigen fragte mich der Freund meines Vaters, ob wir zusammen nach Železnik fahren sollten. Er könnte sich ein paar Tage freinehmen und mich begleiten, meinte er. Ich wollte etwas Hässliches sagen, was der Wahrheit entsprach. Ich wollte sagen, dass ich überhaupt gar nicht zur Beerdigung fahren wollte. Nicht nötig, sagte ich, herzlichen Dank, aber ich werde allein fahren, passt inzwischen bitte nur auf Mario auf. Mario aß weiter mit gesenktem Kopf, ich wusste, dass er wusste, worum es ging.

———

Es bereitete mir jedes Mal Freude, mit dem Flugzeug zu fliegen. Dabei war ich mir nicht ganz sicher, ob es in Ordnung war, darüber nachzudenken, was mir Freude bereitete. Mir ging es zu schlecht, um mit dem Auto nach Serbien zu fahren, ich war von den Medikamenten benebelt. Der erste verfügbare Flug von Stuttgart nach Belgrad, zugleich auch der billigste, hatte einen Umstieg in Istanbul. Gesamtreisedauer zweiundzwanzig Stunden. Als hätte mir jemand diese Zeit absichtlich gegeben, damit wir uns verabschieden konnten.

Im Flugzeug wartete ich gespannt auf den Abflug. Wenn das Flugzeug nach der Fahrt über die Piste die korrekte Position eingenommen hatte und alle Triebwerke einschaltete. Dieser Moment. Wenn der Kopf nach hinten gedrückt wird, die Motoren grollen, und dieses Gefühl im Bauch aufkommt, abgehoben zu haben. Jedes Mal erlebte ich diese Erregung, vielleicht, dachte ich, würde ich in einem anderen Leben Pilotin werden. Vielleicht würde Mario meinen Traum verwirklichen.

Früher hatte sie mir oft erzählt, dass es ihr Traum war, nach Istanbul zu reisen. Ich hatte mir versprochen, vom ersten Gehalt mit ihr dorthin zu fliegen, aber sie hatte Angst vor Flugzeugen. Sie hatte Angst vor dem Fliegen. Sie hatte Angst vor Ausländern und davor, sich nicht in einer einzigen Fremdsprache verständigen zu können. Meine Mutter hatte Angst vor so vielen Dingen. Aber vielleicht versuchte ich nur, auf dem Istanbuler Flughafen sitzend, eine Rechtfertigung für mein nicht eingehaltenes Versprechen zu finden. Ich versuchte mich zu erinnern, was ich ihr im Leben alles versprochen und nicht eingehalten hatte. Ich hatte ihr versprochen, einen Uniabschluss zu machen. Ich hatte ihr versprochen, ein guter

Mensch zu sein. Ich hatte ihr versprochen, glücklich zu werden. Und da, beim Kaffeetrinken auf dem Istanbuler Flughafen, im Raucherbereich, der die Größe einer Telefonzelle hatte, wurde mir klar, dass ich den Großteil ihrer Erwartungen enttäuscht hatte. Ich fragte mich, ob sie mir das übelgenommen oder mir verziehen hatte. Ich versuchte zu weinen, aber der Versuch kam der Idee gleich, auf Beton zu schwimmen, es war trocken und überflüssig. Aus mir kam nichts heraus, außer träger Zigarettenrauch.

Hoffnung ist definitiv der größte Feind des Menschen. Als ich mich dem Tor näherte, kam in mir plötzlich das Gefühl auf, sie wäre noch da. Ich wünschte mir, sie würde mir von der Tür aus einen verächtlichen Blick zuwerfen, mir sagen, ich sei zu dünn oder stinke nach Zigaretten. Stattdessen erwartete mich der Geruch von Weihrauch, vom starken Parfüm entfernter Verwandter und von schwarzem Polyester. Wenn Menschen in Schwarz schwitzten, genau in solchem schwarzen Polyester, dann riecht das besonders, stark und schwerfällig. Das ist der unverkennbare Geruch von Beerdigungen. Vera und mein Vater umarmten mich wortlos, sie hatten den vollkommen gleichen Gesichtsausdruck wie ich – gar keinen.

Ich hatte gelesen, dass in Indonesien die Leute den Tod feierten. Dass sie auf Beerdigungen Weiß trugen und tanzten, dass sie, wie wir, daran glaubten, dass die Menschen nach dem Tod an einen besseren Ort gelangten. Trotz des Glaubens wurde in meinem Land auf Beerdigungen lauthals geweint. Am lautesten weinten die, die mit meiner Familie überhaupt nichts zu tun hatten. Die näheren Verwandten umarmten uns nur, zündeten eine Kerze an und stellten Blumen neben den Sarg, auf dem der Name meiner Mutter stand. Die, deren Namen ich nicht kannte, umarmten den Sarg minutenlang, streichelten und küssten ihn, es war höchst geschmacklos. Ich erinnere mich nur an den Ekel, den ich gegenüber diesem Sarg und seinem makellosen Glanz empfand, der von Finger- und Lippenabdrücken zerstört worden war. Dieses stundenlange In-der-Kapelle-Stehen war die schlimmste Qual, die ich mir vorstellen konnte. Die Strafe für all die nicht eingehaltenen Versprechen, die ich meiner Mutter gegeben hatte, das Jüngste Gericht. Als Viktor die Kapelle betrat, dachte ich, ich hätte Halluzinationen vom Schlafmangel und den Beruhigungsmitteln. Er reichte uns dreien die Hand, legte eine Rose hin und ging wieder hinaus. Den Rest des Tages sah ich ihn nicht mehr, er war verschwunden.

Auf Beerdigungen gab es in Gasthäusern immer nur Pelinkovac und Sliwowitz zu trinken. Zum Essen kalten Braten, Krautsalat und tagealtes Brot. Die Freundlichkeit der Kellner, das Klimpern des Bestecks auf den Tellern und das verhaltene Lachen an den von uns weit entfernten Tischen wiesen nur auf eines hin. Das Leben ging weiter.

Ich wollte ein paar Tage mit Vera und meinem Vater in Železnik bleiben. Ganze Tage lang verbrachten wir in Stille, nur abwechselnd gingen wir jeder in sein Zimmer und kamen nach ein paar Stunden mit roten Augen wieder heraus. Voreinander weinten wir nicht. Veras Bauch war rund und stolz, sie sollte bald ihr Kind bekommen. Es war dumm von mir, das zu denken, aber sie sah tatsächlich schöner aus als je zuvor. Mir wurde klar, dass ich ihrem Beispiel folgen sollte und mich für meinen kleinen Albert zusammenreißen musste. Dafür, die Chance zu bekommen, morgen wieder Mutter zu sein, eine bessere als die, die ich bisher gewesen war. Um meiner Mutter, wenn sie mir von irgendwoher zusah, zu zeigen, dass ich das konnte. Zumindest so viel kann ich tun, dachte ich.

Ich nutzte die Zeit in Serbien, um meine Ärztin zu besuchen, die Untersuchungen in Deutschland waren unglaublich teuer. Nach der Blutabnahme ging ich zur Untersuchung. Ich sagte der Ärztin nicht, dass ich schwanger war, ich hatte Angst, es würde sich herumsprechen, und ich war noch nicht bereit, Vera und meinem Vater davon zu erzählen. Der richtige Augenblick war noch nicht gekommen. Die Ärztin bemerkte nichts von meiner Schwangerschaft. Es ist doch noch zu früh, dachte ich. Sie erklärte mir, die Ergebnisse des Bluttests wiesen auf ein Problem mit der Schilddrüse hin. Sie verschrieb mir eine Therapie und meinte, ich solle mir keine Sorgen machen, nach ein paar Monaten Behandlung würde meine Schilddrüse wieder aussehen »wie ein Hollywoodstar«. Es machte mir Angst, wenn Ärzte Lieder sangen und mit Patienten wie mit kleinen Kindern sprachen. Das verhieß nie etwas Gutes. Die Medikamente kaufte ich gar nicht, weil ich wusste, dass ich sie während der Schwangerschaft nicht einnehmen durfte. Um meinen Hollywoodstar würde ich mich ein anderes Mal kümmern.

Erst als ich wieder im Flugzeug nach Stuttgart saß, weinte ich.

———

Die Freunde meines Vaters hatten sich gut um Mario gekümmert. Er und der autistische Sohn waren beste Freunde geworden. Sie zeichneten zusammen, spielten mit den Autos, oder Mario führte irgendwelche Kunststücke vor, die ihr Sohn lächelnd verfolgte. Mein wundervoller und tapferer Mario.

Die Frau des Freunds meines Vaters war hypochondrisch, sie bildete sich ständig neue Krankheiten ein und schenkte den Problemen anderer keinerlei Aufmerksamkeit. Nicht einmal ihrem Sohn schenkte sie Aufmerksamkeit, sie redete nur über ihre Wehwehchen. In der ersten Woche hatte sie Morbus Crohn und erzählte mir alles über Erkrankungen des Verdauungstrakts. In der zweiten Woche hatte sie Arthritis und ging zur Blutabnahme, um das zu überprüfen. Während sie auf das Ergebnis wartete, frühstückte sie mit ganz langsamen, schmerzhaften Bewegungen und schnitt die ganze Zeit Grimassen. Der Freund meines Vaters beachtete sie nicht weiter. Er arbeitete viel und war ohnehin nie zu Hause.

In meiner Arbeit geschah etwas Seltsames. Je mehr Fortschritte ich machte, fiel mir auf, desto mehr ging mir Iskra aus dem Weg. Sie bemühte sich, mir nicht zu begegnen, und wenn wir uns notgedrungen trafen, grüßte sie mich mit kühler Stimme knapp im Vorbeigehen. Ich war mir nicht sicher, ob es etwas mit der Arbeit zu tun hatte, doch dann fiel es mir ein. Es war wegen Viktor. Weil ich ihn verlassen hatte und gegangen war. Ich verstand sie, es war normal, dass sie auf seiner Seite waren.

Die Zeit verging, und mit jedem Tag dachte ich weniger an ihn. Mir wurde klar, dass ich erst jetzt alle seine Launen und Wutausbrüche verstand, jetzt, wo meine Mutter hoffentlich an einem besseren Ort war. All das, was ich mir zum Tod meiner Eltern bisher vorgestellt hatte, schmerzte nicht annähernd so sehr, wie es jetzt schmerzte, wo es Wirklichkeit geworden war. Solche Dinge musste man am eigenen Leib erfahren, um sie zu verstehen. Und auch an dem Morgen, als wir uns trennten, dachte ich, hatte er am Ende doch nichts Schlimmes getan. Alles, was passiert ist, war meine Laune, meine Unfähigkeit, mich mit etwas abzufinden, das er schon längst durchgemacht hatte. Ich schämte mich, und ich brauchte jemanden, der mich verstand. Darum beschloss ich, ihm eine Nachricht zu schicken und mich zu entschuldigen.

———

Die Ausreden, die ich anfangs erfand, waren so schlecht, dass ich mich dafür schämte. Ich sagte, ich würde in der letzten Schicht arbeiten und gleich am nächsten Morgen in der ersten, also würde ich im Restaurant übernachten. Sie stellten mir auch ein Zimmer zur Verfügung, versicherte ich. Beim nächsten Mal sagte ich, eine Arbeitskollegin ziehe um, und ich würde nach der Arbeit zu ihr fahren und ihr dabei helfen. Das dauert sicher lange, sagte ich, darum würde ich bei ihr übernachten, sie wohne sowieso in der Nähe unserer Arbeit. Nach unzähligen dummen Lügen hörte ich auf, mir etwas auszudenken, ich bat sie nur noch, wenn ich nicht zu Hause schlief, auf Mario aufzupassen. Der Freund meines Vaters kommentierte das nicht, und seine Frau sah mich nur desinteressiert an, legte irgendwelche Umschläge auf ihre Stirn und schüttelte den Kopf. Auf jeden Fall spürte ich, dass sie wussten, dass ich sie anlog. Und ich spürte, dass Mario das auch wusste.

Wir sahen uns ein paar Mal in der Woche. Viktor war in unserer Wohnung geblieben, die in den paar Monaten bis zur Unkenntlichkeit verdreckt war. Ich wollte nichts sauber machen. Abends redeten wir und schliefen miteinander. Er erzählte mir, er habe abgeschlossen, woran er gearbeitet hatte. »Ich hab das Manuskript abgegeben«, sagte er. »Und zwar

beim größten Verlag in Serbien. Du wirst stolz sein, Liebling.«
Ich nahm all meinen Mut zusammen und dankte ihm, dass
er mir den Zwischenfall bei unserer Trennung verziehen hatte. »Natürlich verzeihe ich dir«, sagte er, »ich weiß, wie das ist.
Meine Mutter ist in meinen Armen gestorben, Eva. Ich habe
sie ausgezogen und ihr die Kleidung für das Begräbnis angezogen. Solche Dinge verändern einen Menschen für immer.«
Ich verstehe, sagte ich. Jetzt verstehe ich. »Weißt du eigentlich«, fuhr er fort, »dass meine Mutter die gleichen Brüste hatte wie du? So feste und runde Brüste wie eine Göttin.« Von
diesem Satz wurde mir übel, ich hätte mich am liebsten übergeben. Vielleicht, dachte ich, traten nun endlich Symptome
meiner Schwangerschaft auf.

Erst nach ein paar Treffen fragte ich ihn nach Andrej und
Iskra. Ich erzählte ihm, dass ich den Eindruck hätte, Iskra gehe
mir aus dem Weg. »Warum kümmern dich die so sehr?«, fragte er. »Diese Frau ist ohnehin von Natur aus böse. Sie versucht
einen Keil zwischen mich und meinen eigenen Bruder zu trei-
ben.« Das würde ich nie über sie sagen, meinte ich, es tue mir
leid, wenn er so denke. Mir habe sie viel geholfen, sagte ich,
und es wirkte nicht so, als hätte sie irgendeine böse Absicht.
»Dir geht es immer nur um den Nutzen, Eva«, sagte er, »und
du hast kein Gespür für das Wesentliche.«

Einige Zeit später lud ich Iskra doch zu einem Kaffee ein.
Ich fand, dass eine Beziehung zwischen uns beiden unabhän-
gig von Viktor und Andrej bestehen konnte, so viel war ich ihr
doch schuldig – ihre Freundin zu sein. Nur durch ihre Hilfe sah
mein Leben vollkommen anders aus, das war keine kleine Sache, und dabei ging es nicht um Eigennutz, sondern um Dank-
barkeit. Den ersten paar Einladungen ging Iskra wie Hunde-

kacke auf dem Gehsteig aus dem Weg, mit düsterer Miene. Am Ende sagte sie doch zu.

Wir trafen uns vor der Schicht in einem Café nahe dem Restaurant. Ich war als Erste da. Als sie auf das Café zukam, sah ich an ihrem Gang, dass sie nervös war. Sie ging entschlossen, aber verärgert, das sah ich an den raschen Bewegungen ihrer Arme und Beine und daran, dass ihr Kopf ganz starr war. Iskra, sagte ich und stand auf, um sie zu umarmen. Sie klopfte mir nur über den Tisch gebeugt auf den Rücken. Sie sah mir direkt in die Augen, als wären wir Kinder und wetteiferten darum, wer es am längsten aushielt, ohne zu blinzeln. »Mein Beileid zu deinem Verlust, Eva«, sagte sie. »Wie geht es dir gesundheitlich, wie geht es dem Baby?« Als sie das aussprach, brach sie in Tränen aus. Zuerst dachte ich, es hätte mit ihrer und Andrejs Ehe zu tun. Tatsächlich waren sie schon lange zusammen und hatten noch keine Kinder bekommen. Iskra, was ist los, fragte ich. »Ist es wahr, was Viktor sagt, Eva?« Ich hatte keine Ahnung, worum es ging. In ihren Augen erkannte ich den reinsten Hass, er färbte das Weiße in ihren Augen grau. »Ist es wahr …«, wiederholte sie. Was denn, Iskra, wiederholte ich und streckte ihr über den Tisch hinweg meine Hand entgegen. »Ist es wahr, das mit Andrej und dir? Stimmt es, dass da etwas zwischen euch war?« Ich versuchte wirklich, etwas zu sagen. Ich versuchte, vom Stuhl aufzuspringen, *Nein* zu rufen, auf den Tisch zu schlagen, sie zu fragen, was sie da redete, wie sie so etwas glauben konnte. Stattdessen saß ich regungslos auf dem Stuhl gegenüber von ihr und spürte, wie ich langsam versank. Ich brachte kein einziges Wort hervor. »Bitte«, sagte sie mit zitternder Stimme, »ruf uns nie wieder an. Vergiss, wo wir wohnen, und vergiss, dass wir uns jemals kennengelernt haben. Bei der Arbeit tu so, als würden wir uns nicht kennen.« Ohne ihr Getränk angerührt zu haben, stand sie auf und rannte aus dem Café.

Als Viktor abhob, schrie ich ins Handy. »Was redest du da, Eva«, sagte er, »so was kann nur einer Geisteskranken einfallen. Ich hab dir doch gesagt, dass diese Frau wahnsinnig ist.«

———

Der Freund meines Vaters gab mir Geld. Er sagte, mein Vater hätte es schon vor langem geschickt, für den Fall, dass Mario und ich etwas brauchten, egal was. Ich bat ihn, meinem Vater und Vera nichts von der Schwangerschaft zu erzählen, noch nicht, aber irgendjemandem musste ich es sagen. Er meinte, ich solle in eine Privatklinik gehen, um einen Ultraschall und alle nötigen Untersuchungen machen zu lassen.

Die Ärztin glitt mit einem Kunststoffgriff über meinen gelverschmierten Bauch, und ich hörte Alberts kleines Herz schlagen. In der achten Schwangerschaftswoche, hatte ich gelesen, wuchs das Baby und entwickelte sich. Es bildeten sich Finger und Zehen sowie die Augenlider aus. Die Lunge, das Herz, die Leber, der Magen und die Nieren entwickelten sich. Das Baby ist in der achten Woche fünfzehn bis einundzwanzig Millimeter groß und macht Bewegungen. Ich spürte, wie mir mein kleiner Albert aus der Tiefe meines Unterleibs zuwinkte. Die Ärztin schaute den Bildschirm an, dann das Blutbild, dann wieder den Bildschirm und das Blutbild, immer abwechselnd. Ein paar Mal sah sie mir stirnrunzelnd und besorgt in die Augen. »Es tut mir leid, aber ich muss Ihnen sagen«, sagte sie auf Deutsch, »Sie sind nicht schwanger. Sie haben eine hormonelle Störung und deshalb keinen Zyklus. Sie sind nicht schwanger«, wiederholte sie.

Der Asphalt vor dem Krankenhaus, auf dem ich saß, drehte sich schneller als die Erde, ich kämpfte damit, nicht ohnmächtig zu werden. Tauben kamen näher und pickten auf meinen Schuhen herum wie Aasgeier. Es fiel mir schwer, die Buchstaben auf dem Display zu erkennen, doch ich schaffte es, ihm eine Nachricht zu schreiben. »Viktor, ich bin nicht schwanger«, tippte ich.

»Gut so, Liebling«, antwortete er. »Ich muss dir etwas gestehen, ich war richtig wütend. Hab mir Sorgen gemacht, wessen Kind es ist, nachdem ich bei dir ja gar keinen Orgasmus gehabt habe. Ich hab ihn mir für den Tag aufgehoben, an dem ich mir sicher sein kann, dass du ganz mir gehörst. Willst du, dass wir uns sehen?«

**————— BESONDERS MÖCHTE ICH MICH BEDANKEN BEI**
meiner Freundin T. V. für das bedingungslose Vertrauen und
den Wunsch, ihre Lebensgeschichte mit mir zu teilen, die zu
einem großen Teil den Stoff dieses Romans bildet. Ich danke
ihr für den mehrmonatigen, gründlichen und erschöpfenden
Arbeitsprozess, den wir im Pandemiejahr 2020 gemeinsam
durchlaufen haben. Jedes überaus wertvolle Detail dieses Manuskripts halte ich für ihren Verdienst. *Meine Liebe, wir haben's
geschafft!*

Meiner Freundin und Kollegin Lana Bastašić für das uner-
müdliche Engagement und die Unterstützung, die sie mir vom
ersten Tag an bot. Vielen Dank für die erste Lektüre und die
großartige Arbeit, die sie am Manuskript geleistet hat, freund-
schaftlich und von Herzen. *Hey, meine Liebe!*

Meiner Freundin Marija Kočijašević für alle fachlichen Hin-
weise und die Literatur zum Thema Psychologie und Psycho-
therapie, die für die Ausarbeitung der Protagonisten dieses
Romans wichtig waren.

Vielen Dank auch an alle anderen Menschen, die zum Teil
schon in der Widmung genannt sind, dass sie mit mir ihre Geschichten und Lebenserfahrungen im Zusammenhang mit
dem bearbeiteten Thema geteilt haben.

Danke ebenfalls an Nikola Zavišić und Božo Koprivica für
die Zeit, die sie sich für die Lektüre des Manuskripts genommen haben, und dass sie mit ihrem Namen hinter meiner Arbeit stehen.

Danke an meinen besten Freund und den besten Designer *Kunst Weekly* für die Fotos, dafür, dass er immer für mich da ist.

Danke an Stefan für seine Unterstützung und dafür, dass er mich auch dann aushält, wenn ich selbst nicht dazu fähig bin. Danke an meine Familie, Vera, Milorad, Vukašin und Nevenka.